P9-CAR-059

Written by Dr. In Ku Kim-Marshall

STEP BY STEP

Korean ②
through
15 Action Verbs

한국문화사

STEP BY STEP

Korean through 15 Action Verbs

Copyright @2008 by In Ku Kim-Marshall

All rights reserved. No part of this publication may be reproduced or transmitted in any form, neither electronic nor mechanical (including photocopying, recording, or by any other information storage or retrieval system), without express permission of the author.

ISBN 978-89-5726-549-9   93710
      978-89-5726-547-5   93710 (set)

Acknowledgement

This book could not have been written without the support of many friends and colleagues. I would like to thank each and every one of them for their help and encouragement, especially Emiko Ozaki for her illustration work, Hanyoup Lee for his assistance, and last but not least my husband for his editorial advice.

Table of Contents

Personal Note

This book is for anyone who has begun learning Korean with "Step by Step Korean 1 through 15 Action Verbs (Vol. 1)" and wishes to continue on to the next stage of learning. I have written this second book using the same principle of instruction as the first with the following points added to facilitate learning:

1. The past and future tenses, and propositive form "let's ..." are introduced.
2. Irregular verbs and their usages with a few phrases are presented.
3. "Descriptive verbs" are introduced. Descriptive verbs in Korean are like adjectives in English, but they follow the same conjugation rules as action verbs.
4. The honorific form of speech is reintroduced and expanded upon.
5. The sentences are conversational, but with extended dialogue so that students can further develop their conversational ability.
6. The structure of the typical Korean sentence is shown with diagrams, which can be made into flash cards for learning and teaching purposes. This is especially useful for young learners.
7. This book includes six more supplemental 'Cultural Notes' on Korean culture.

"Hunminjeoungeum Haerye"

(the correct sounds for the instruction of the people)

This book was written in 1446 at the order of King Sejong, by several scholars in order to explain "Hangeul."

Unit 1

a. Honorific markers: "시, 으시"
   Ex.: 가르치다(to teach) → 가르치시다
   많다(to be many) → 많으시다

b. Descriptive verbs conjugation:
   Ex.: 기쁘다(to be happy) → 기뻐요

c. Irregular verbs: "으," "ㄷ"
   Ex.: 기쁘다(to be happy) → 기뻐요
   듣다(to listen) → 들어요

d. Two-word verbs (Verb+Helping Verb) in Korean
   Ex.: 돕다(to help)+-아 주다(to do something
   for someone) → 도와주다

e. Future tense marker: "-겠-"
   Ex.: 가다 → 가겠어요 (I will go.)

f. Classifiers and Korean numbers

g. "Verb stem (VST)+-(으)ㅂ시다" form (Let's...):
   Propositive form
   Ex.: 가다(to go) → 갑시다 (Let's go.)
   먹다(to eat) → 먹읍시다 (Let's eat.)

Chapter 01 가르치다 (to teach)

언니가 우리들한테 한국말을 가르쳐요.

Vocabulary

가르치다 to teach
가르쳐요(가르치+-어요)

누가 who (as subject)

언니 elder sister (used by a girl)

언제 when (question word for time)

매일 everyday

무엇 what (question word)

우리들(한테) (to) us
우리(we)+들(plural marker)

한국말 Korean language
한국(Korea)+말(language)

또 also

가르치시다 honorific form of 가르치다
가르치세요 (가르치+-시+-어요)

-시- honorific marker

-께서 honorific subject marker of "-이/가"

가르쳐요.
가르쳐요.
누가 가르쳐요? 언니가 가르쳐요.

언니가
언니가 언제 가르쳐요?
언니가 매일 가르쳐요.

언니가
언니가 무엇을 가르쳐요?
언니가 우리들한테 한국말을
가르쳐요.

또
누가 가르쳐요?
누가 가르쳐요?

선생님께서도 우리들을 가르치
세요.
선생님께서도 우리들을 가르치
세요.

Grammar Notes

−께서:

Honorific subject marker of "−이/가"

Ex. 선생님께서 한국에 가세요.
My teacher goes to Korea.

께서 → honorific subject
of (이/가)

께서 → honorific form of verb (가다)
(가+시+−어요 → 가세요)

Honorific markers:

"−시−," or "−으시."

1. When the verb stem ends in a vowel, you
   attach to the stem → "−시"

Ex. 가르치다(to teach) → 가르치+−시+다 →
가르치시+−어요 → 가르치세요

선생님께서 한국말을 가르치세요.
My teacher teaches (us) Korean.

2. When the verb stem ends in a consonant,
   you attach to the stem → "−으시"

Ex. 읽다(to read) → 읽+−으시+다 →
읽으시+−어요 → 읽으세요

아버지께서 책을 읽으세요.
My father reads a book.

* When making a sentence in honorific style,
  both the subject particle and the verb must be
  changed into honorific words.

−은/는 → −께서는
−한테 → −께

언제:

"when": Points to "time" and is used to
ask "time, date, month, year, etc." It
comes at the beginning of a sentence,
but it may   come any place as long as
it is before the verb.

Ex. 언제 학교에 가요?
저녁을 언제 먹어요? (저녁-dinner)

Exercises

1. Answer the following questions with the words given in parentheses.

ⓐ 누가 한국말을 가르쳐요? (elder sister-used by a girl)

언니가 한국말을 가르쳐요.

ⓑ 또 누가 한국말을 가르쳐요? (teacher)

선생님께서도 한국말을 가르치세요.

ⓒ 언니가 누구한테 한국말을 가르쳐요? (us)

언니가 우리한테 한국말을 가르쳐요.

ⓓ 선생님께서 누구를 가르치세요? (us)

선생님께서 우리를 가르치세요.

ⓔ 언니가 언제 한국말을 가르쳐요? (everyday)

언니가 매일 한국말을 가르쳐요.

2. Complete each word by filling in the missing letters.

ⓐ 우리들 한테 (to us)

ⓔ 가르치시다 (to teach-in honorific form)

ⓑ 한국말 (Korean language)

ⓕ 학교 에서 (at school)

ⓒ 선생님 (teacher)

ⓖ 누구한테 (to whom)

ⓓ 매일 (everyday)

ⓗ 한국 (Korea)

3. Insert spaces between the words where appropriate.

ⓐ 가르치시다누가한테언니어머님선생님언제학생

가르치시다 누가한테 언니 어머님 선생님 언제 학생

ⓑ 친구집가르치다형매일학교한국어동생무엇누구

친구 집 가르치다 형 매일 학교 한국어 동생 무엇 누구

4. Using the form "-아요/어요/해요," fill in the blanks with the correct form of the verb "가르치다."

ⓐ 언니가 한국말을 (   ). 가르쳐요

ⓑ 어머니께서 우리들한테 한국말을 (   ). 가르치세요

ⓒ 아버지께서도 우리들한테 한국말을 (   ). 가르치세요

ⓓ 오빠가 우리들한테 영어를 (   ). (영어-English) 가르쳐요

ⓔ 내 친구도 동생한테 영어를 (   ). 가르쳐요

ⓕ 선생님께서 매일 우리들한테 영어도 (가르치세요).

5. The following sentences are scrambled. Write them in the correct order.

ⓐ 가르치세요, 한국말을, 선생님께서, 매일
매일 선생님께서 한국말을 가르치세요.

ⓑ 한국말을, 또, 가르쳐요, 누가
또 누가 한국말을 가르쳐요?

ⓒ 누구한테, 수진은, 가르쳐요, 영어를 (영어-English)
수진은 누구한테 영어를 가르쳐요?

ⓓ 무엇을, 어머님께서, 가르치세요, 우리들한테
어머님께서 우리들한테 무엇을 가르치세요?

ⓔ 가르쳐요. 동생한테, 한국말을, 누나가
누나가 동생한테 한국말을 가르쳐요.

ⓕ 가르치세요, 영어도, 언제, 선생님께서
선생님께서 언제 영어도 가르치세요?

13

6. The following sentences are written in the improper form. Please rewrite them in the proper form.

> **Ex.** 어머니가 가게에 가요?
> → 어머니께서 가게에 가세요. (가게-store)

ⓐ 선생님이 매일 우리들한테 한국어를 가르쳐요.
선생님께서는 매일 우리들한테 한국어를 가르치세요.

ⓑ 친구가 누구한테 영어를 가르치세요? (친구-friend)
친구가 누구한테 영어를 가르쳐요?

ⓒ 앨버트가 언제 한국에 가세요? (앨버트-Albert)
앨버트가 언제 한국에 가요?

ⓓ 선생님이 우리들하고 말해요. (-하고-with/말하다-to talk)
선생님께서 우리들 하고 말하세요.

ⓔ 언니가 매일 우리들한테 영어를 가르치세요.
언니가 매일 우리들한테 영어를 가르쳐요

ⓕ 누나가 어머니한테 영어를 가르쳐요.
누나가 어머니께 영어를 가르쳐요.

7. Complete the example dialogue below in the polite informal form (Vst+-아요/어요). Words are given in the vocabulary bank below.

> **Vocabulary Bank**
>
> 오빠   한국말 (한국어)   가르치다   누가   동생
> 누구   중국어(Chinese)   영어   말하다

a: __누구__ 한테 __한국어__ 을 가르쳐요?
To whom are you teaching Korean?

b: __오빠__ 한테 __한국어__ 을 __가르쳐요__.
I am teaching Korean to my elder brother (used by a girl).

a: <u>누가</u> <u>중국어</u>도 <u>말해요</u>?
Who also speaks Chinese?

b: <u>남동생</u> 은 <u>영어</u> 하고 <u>한국어</u> 도 말해요.
My younger brother speaks English and Korean, too.

a: 세상에! (Good heavens!)

b: 어머나! (My goodness!)

8. Fill in the crossword.

				1.읽			3.우
2.가	르	치	시	다			리
르				5.부			한
치				모			테
다			4.선	생	님		
					6.언	니	
		7.영	화		9.매		
8.한	국	어		10.일	본	어	

가로
Horizontal

2. to teach (honorific)
4. teacher
6. elder sister (used by a girl)
7. movie
8. Korean language*
10. Japanese language (일본어)

세로
Vertical

1. to read
2. to teach
3. to us
5. parents
7. English language
9. everyday

* 한국말=한국어 (also for other languages except 영어)

15

9. Write complete sentences with the words in parentheses.

ⓐ 가르치다 (누나/동생/영어)

누나가 동생한테 영어를 가르쳐요

ⓑ 가르치다 (선생님/우리들/매일/학교/한국어)

매일 선생님께서 학교에서 우리들한테 한국어를 가르치세요.

ⓒ 가르치다 (앨버트/언니/영어)

언니가 앨버트한테 영어를 가르쳐요.

King Sejong and "Hunminjeongeum" Hangeul

Sejong the Great (1397-1450) is one of the most influential men in Korean history. The fourth king of the Joseon Dynasty (1392-1910), he ruled the Kingdom for 32 years from 1418 to 1450.

King Sejong created Hangeul, the Korean alphabet, with scholars at 집현전 (Jipyeonjeon, or "Hall of the Worthies") in 1443. The original name of the newly invented letters was Hunminjeongeum ("the correct sounds for the instruction of the people"). Soon after, King Sejong ordered a few scholars at Jipyeonjeon to write an introductory book for the newly invented letters, called Hunminjeongeum Haerae. The book provided the introduction to the newly invented Korean alphabet and guidance on how to use it. In 1446 King Sejong proclaimed Hangeul the official alphabet of Korea.

King Sejong

The name "한글," which is the modern form of 훈민정음, was first used by the Korean scholar Ju, Si-Kyeong (1876-1914) in 1913.

Scholars at 집현전 (Jipyeonjeon)
("Hall of the Worthies")

17

Chapter 02 기쁘다 (to be happy)

나는 오늘 아주 기뻐요.

Vocabulary

기쁘다 to be happy ("으" irregular verb)
기뻐요(기쁘+-어요)

아주 a lot, very much

오늘 today

왜 why (question word)

친구 friend

만나다 to meet

그래서 therefore, so

기뻐요.

기뻐요.

나는 아주 기뻐요.

왜 기뻐요?

왜 기뻐요?

오늘 친구를 만나요.

오늘 친구를 만나요.

그래서

그래서

나는 오늘 아주 기뻐요.

나는 오늘 아주 기뻐요.

Grammar Notes

"으" irregular verb:

When the "-아/어" conjugation follows a verb with a stem ending in 으, 으 is deleted.

a. When the vowel preceding "으" is 아 →you attach it to the stem "-아"

Ex. 아프다 (to be sick) → 아프+-아요 → 아파요
나쁘다 (to be bad) → 나쁘+-아요 → 나빠요

머리가 아파요. I have a headache. (머리-head)
날씨가 나빠요. The weather is bad. (날씨-weather)

b. When any other vowel comes before 으, or there is no vowel before 으→you attach it to the stem '-어'

Ex. 기쁘다 (to be happy) → 기쁘+-어요 → 기뻐요
슬프다 (to be sad) → 슬프+-어요 → 슬퍼요
쓰다 (to write) → 쓰+-어요→ 써요

나는 기뻐요. I am happy.
나는 슬퍼요. I am sad.
나는 편지를 써요. I am writing a letter (편지-letter)

그래서:

"therefore," "so, because." If 그래서 is added in the beginning of the second sentence, the first sentence becomes the cause of or reason for the next sentence.

Ex. 친구를 만나요. 그래서 기뻐요. lit.: I meet my friend. So I am happy.

배가 고파요. 그래서 밥을 먹어요. lit.: I am hungry. So I eat food.

왜:

"why" (question word) 왜 usually comes at the beginning of a sentence, but it may come any place as long as it is before the verb.

Ex. 왜 동생이 학교에 가요? / 동생이 왜 학교에 가요?

왜 친구가 밥을 먹어요? / 친구가 왜 밥을 먹어요? (밥-food)

Exercises

1. Answer the following questions below with the words in parentheses.

ⓐ 누가 기뻐요? (I)

나는 기뻐요

ⓑ 왜 오늘 기뻐요? (friend/to meet)

나는 친구를 만나요

ⓒ 언제 친구를 만나요? (오늘-today)

오늘은 친구를 만나요.

ⓓ 친구를 매일 만나요? (No-아니오)

아니오, 매일 친구를 안 만나요

2. Complete each word by filling in the missing letters.

ⓐ 기쁘다 (to be happy)　　　　ⓖ 나쁘다 (to be bad)

ⓑ 친구 (friend)　　　　　　　ⓗ 슬프다 (to be sad)

ⓒ 그래서 (therefore)　　　　　ⓘ 고프다 (to be hungry)

ⓓ 오늘 (today)　　　　　　　ⓙ 누가 (who)

ⓔ 머리 (head)　　　　　　　ⓚ 매일 (everyday)

ⓕ 쓰다 (to write)　　　　　　ⓛ 바쁘다 (to be busy)

3. Insert spaces between the words where appropriate.

ⓐ 기쁘다쓰다고프다친구편지머리만나다밥아프다

기쁘다 쓰다 고프다 친구 편지 머리 만나다 밥 아프다

ⓑ 슬프다매일그래서바쁘다시간배날씨동생아주오늘

슬프다 매일 그래서 바쁘다 시간 날씨 동생 아주 오늘

4. Using the informal polite form "Vst+-아요/어요," conjugate the following verbs in the present tense.

Ex.

기쁘다 (to be happy) → 기뻐요

ⓐ 아프다 (to be sick) → 아파요

ⓑ 나쁘다 (to be bad) → 나빠요

ⓒ 쓰다 (to write) → 써요

ⓓ 고프다 (to be hungry) → 고퍼요

ⓔ 슬프다 (to be sad) → 슬퍼요

ⓕ 바쁘다 (to be busy) → 바빠요

Exercises

5. Form a correct sentence in the present tense, using the informal polite form ("-아/어/여요"). The subject is indicated for each set of words.

> **Ex.** 고프다, 배 (stomach) → 배가 고파요.

ⓐ 아프다 / 머리 (head)
  머리가 아파요

ⓑ 나쁘다 / 날씨 (weather)
  날씨가 나빠요

ⓒ 기쁘다 / 나
  나는 가뻐요

ⓓ 슬프다 / 영화 (movie)
  영화가 슬퍼요

ⓔ 바쁘다 / 형 (elder brother—used by a boy)
  형이 아주 바빠요

6. Form a correct sentence with the given words, using the word "그래서."

> **Ex.** 고프다, 밥, 먹다 → 배가 고파요. 그래서 밥을 먹어요.

ⓐ 머리, 아프다, 약 (medicine), 먹다
  머리가 아파요 그래서 약을 먹어요

ⓑ 날씨 (weather), 나쁘다, 집, 동생, 가다
  날씨가 나빠요 그래서 동생은 집에 가요.

ⓒ 친구, 만나다, 기쁘다

친구를 만나요 그래서 나는 가뻐요.

ⓓ 슬프다, 영화 (movie), 울다 (to cry)

영화가 슬퍼요 그래서 나는 울어요.

ⓔ 형, 바쁘다, 만나다, 못 (cannot)

형이 바빠요 그래서 친구를 못 만나요.

ⓕ 내일, 시험 (test), 보다 (to take), 공부하다

내일 시험을 봐요 그래서 지금은 공부해요.

ⓖ 앨버트, 불고기, 좋아하다, 많이, 먹다 (좋아하다-to like)

앨버트는 불고기를 좋아해요 그래서 많이 먹어요.

7. Using the word "왜," form a question that can cause each answer.

Ex. 미국에 가요. 그래서 한국에 못 가요. (못-cannot) →
왜 한국에 못 가요?

ⓐ 배가 아파요. 그래서 밥을 못 먹어요.

왜 밥을 못 먹어요?

ⓑ 사과를 좋아해요. 그래서 사과를 사요. (사과-apple)

왜 사과를 사요?

ⓒ 친구가 중국에서 와요. 그래서 기뻐요. (중국-China)

왜 기뻐요?

ⓓ 한국이 좋아요. 그래서 한국어를 공부해요.

왜 한국어를 공부해요?

Exercises

8. Fill in the crossword.

	1. 기			2. 머	리		3. 날
4. 나	쁘	다					씨
	다				5. 무	엇	
6. 배			7. 학	생			
	8. 슬		교		10. 시		
9. 아	프	다			간		11. 바
	다						쁘
12. 약		13. 시	험			14. 있	다

가로
Horizontal

2. head
4. to be bad
5. what
6. stomach, ship
7. student
9. to be sick
12. medicine
13. test
14. to have

세로
Vertical

1. to be happy
3. weather
7. school
8. to be sad
10. time
11. to be busy

9. Write complete sentences with the words in parentheses.

ⓐ 기쁘다 (나/오늘/친구/만나다/그래서)

오늘 나는 친구를 만나요 그래서 기뻐요

ⓑ 고프다 (동생/배-stomach/그래서/밥/먹다)

동생은 배가 고파요 그래서 밥을 먹어요.

ⓒ 슬프다 (to be sad) (왜/영화/슬프다/그래서/나도)

왜 슬퍼요? 영화가 슬퍼요 그래서 나도 슬퍼요.

ⓓ 바쁘다 (to be busy) (왜/학교/매일/공부하다/그래서)

왜 바빠요? 매일 학교에서 공부해요 그래서 바빠요.

ⓔ 나쁘다 (to be bad) (오늘/날씨/그래서/집/책/읽다)

오늘 날씨가 나빠요 그래서 집에서 책을 읽어요.

오빠가 할머니를 도와드려요.

Vocabulary

오빠 elder brother (used by a girl)

할머니 grandmother

도와드리다 to help (honorific form of 도와주다)
도와드려요 (도와드리+-어요)

나(도) me (too)

도와주다 to help / 도와줘요(도와주+-어요)

누가 who (as subject)

우리 our

오빠(처럼) (like) elder brother / noun+처럼 (-like noun)

-겠- will, to intend to (future tense marker)

도와드려요.
도와드려요.
오빠가
오빠가 할머니를 도와드려요.

도와줘요.
도와줘요.
누가 나를 도와줘요?
오빠가 나를 도와줘요.

오빠,
오빠,
우리 오빠.

나도 오빠처럼
나도 오빠처럼

할머니를 도와드리겠어요.
할머니를 도와드리겠어요.

도와주다:

"to help" (Vst+-아/어 주다: to do something for someone)

This combined with an action verb (돕다+-아/어/여 주다) indicates that the action is done for someone's benefit or as a favor.

> Ex.　어머니께서 나를 도와줘요.
> My mother helps me.
>
> 동생이 친구를 도와줘요.
> My younger sibling helps his/her friend.

도와드리다

"to help" (honorific expression of 도와주다-to help)

When one does something for an elderly or respectable person, the following form is used → 도와드리다

> Ex.　오빠가 할머니를 도와드려요.
> 동생이 어머니를 도와드려요.

Noun+처럼: "like," or "as if one is" (noun)

> Ex.　동생이 아기처럼 울어요. (울다-to cry)
> My younger sibling cries like a baby.

-겠-: "will," or "shall" (Future tense marker)

Attached to a verb stem, -겠- indicates the future tense.

Sometimes it also expresses the intention or the will to do something.

"겠" may be combined with action verbs only when showing "intention."

> Ex.　나는 내일 한국에 가겠어요.
> I will go to Korea tomorrow. (내일-tomorrow)
>
> 나는 책을 많이 읽겠어요.
> I will read a lot of books.

Exercises

1. Answer the following questions below with the words in parentheses.

ⓐ 누가 나를 도와줘요? (elder brother-used by a girl)

오빠가 나를 도와줘요.

ⓑ 또 누가 할머니를 도와드려요? (elder brother-used by a girl)

또 오빠가 할머니를 도와드려요.

ⓒ 누가 오빠처럼 할머니를 도와드리겠어요? (I)

내가 오빠처럼 할머니를 도와드리겠어요.
제가

2. Complete each word by filling in the missing letters.

ⓐ 도 와 드 리다 (to help - in honorific form)

ⓑ 할 머니 (grandmother)　　　　ⓕ 어 머 니 (mother)

ⓒ 오빠 처 럼 (like my brother)　　ⓖ 친 구 (friend)

ⓓ 매 일 (everyday)　　　　　　　ⓗ 도와 주 다 (to help)

ⓔ 아 기 (baby)　　　　　　　　　ⓘ 누 가 (who)

3. Insert spaces between the words where appropriate.

ⓐ 선생님도와주다처럼오빠내일도와드리다할머니나

선생님 도와주다 처럼 오빠 내일 도와드리다 할머니 나

ⓑ 책방아기울다읽다어머니한국가다공부하다매일

책 방 아기 울다 읽다 어머니 한국 가다 공부하다 매일

4. Fill in the blanks with the correct words given below. Words may be used as many times as necessary.

Ex.
> 도와줘요, 도와드려요, -도, -겠-, -처럼, 그리고 (and)

ⓐ 오빠가 나를 (도와 줘요).

ⓑ 언니가 할머니를 (도와드려요). (언니-elder sister used by a girl)

ⓒ 앨버트는 한국사람(처럼) 한국말을 잘해요. (한국사람-Korean)
　　　　　　　　　　　　　　　　　　　　　(잘하다-to do well)

ⓓ 오빠는 미국사람(도) 영어를 잘해요. (미국사람-American)

ⓔ 동생은 집에 가요. (그리고) 숙제를 해요. (숙제-homework)

ⓕ 누나는 친구를 만나요. (그리고) 커피를 마셔요. (커피-coffee)

ⓖ 나도 누나(처럼) 커피를 마시(겠)어요.

ⓗ 앨버트씨도 형(도) 한국에 가(겠)어요.

29

Exercises

5. The following sentences are scrambled. Write them in the correct order.

ⓐ 매일, 도와드려요, 아버지를, 우리들은

매일 우리들은 아버지를 도와드려요.

ⓑ 도와드려요, 선생님을, 언제, 앨버트는

언제 앨버트는 선생님을 도와드려요?

ⓒ 집에서, 동생도, 도와드려요, 어머니를, 나처럼

동생도 나처럼 집에서 어머니를 도와드려요.

ⓓ 내 숙제를, 언니가, 오빠처럼, 도와줘요

언니가 오빠처럼 내 숙제를 도와줘요.

ⓔ 도와주세요, 아버지께서, 집에서, 어머니를, 매일

매일 아버지께서 집에서 어머니를 도와주세요.

ⓕ 도와줘요, 친구가, 형처럼, 학교에서, 나를

친구가 형처럼 학교에서 나를 도와줘요.

6. The following sentences are written in the improper form. Please rewrite the underlined verbs in the proper form.

ⓐ 동생이 할머니를 도와줘요?

동생이 할머니를 도와드려요?

ⓑ 선생님이 누나를 도와드려요?

선생님이 누나를 도와주세요?

ⓒ 나는 친구의 한국말 공부를 도와드려요

나는 친구의 한국말 공부를 도와줘요.

ⓓ 아버지께서 할머니를 도와줘요

아버지께서 할머니를 도와드려요.

ⓔ 언니가 집에서 어머니를 <u>도와줘요</u> (집-house)

언니가 집에서 어머니를 도와드려요.

ⓕ 형이 학교에서 친구를 <u>도와드려요</u>

형이 학교에서 친구를 도와줘요.

7. Form a correct sentence with the given words.

Ex.
동생, 공부하다, 집에서 → 동생이 집에서 공부해요.

ⓐ 도와드리다, 언니, 어머니, 집에서

언니가 집에서 어머니를 도와드려요.

ⓑ 동생(의), 형, 숙제, 도와주다

형이 동생의 숙제를 도와줘요.

ⓒ 우리들, 선생님, 학교에서, 도와주다

선생님께서는 학교에서 우리들을 도와주세요.

ⓓ 나도, -겠-, 집에서, 할머니, 도와드리다

나도 집에서 할머니를 도와드리겠어요.

ⓔ 친구, 오늘, 한국말, 공부하다, -겠- (오늘-today)

오늘 친구가 한국말을 공부하겠어요.

ⓕ 가다, 내일, 나, 학교, -겠-, 일찍 (early)

내일 나는 학교에 일찍 가겠어요.

ⓖ 나, 누나, -처럼, 공부하다, 매일, 집, -겠-

매일 누나가 나처럼 집에서 공부하겠어요.

Exercises

8. Fill in the crossword.

1.도	와	드	리	다			2.할
와					3.영		머
주			4.중	국	어		니
다							
	5.아	침		6.아		7.일	찍
	기		8.오	빠			
9.미	국	사	람			10.처	럼

가로
Horizontal

1. to help (honorific)
4. Chinese language
5. morning
7. early
8. elder brother (used by a girl)
9. American
10. like, as

세로
Vertical

1. to help
2. grandmother
3. English language
5. baby
6. father

9. Write complete sentences with the words in parentheses

ⓐ 도와주다 (오빠/할머니)

할머니께서는 오빠를 도와주세요

ⓑ 도와주다 (아버지/동생)

아버지께서는 동생을 도와주세요

ⓒ 도와주다 (나/내일/친구/-겠-)

내일 나는 친구를 도와주겠어요.

ⓓ 도와주다 (어머니/할머니/집-home)

어머니께서는 집에서 할머니를 도와드려요

Chapter 04 듣다 (to listen)

언니가 매일 음악을 들어요.

Vocabulary

듣다 to listen (irregular verb)
들어요 (듣+-어요)

매일 everyday

무엇 what (question word)

음악 music

좋아하다 to like

그래서 therefore

-께서 subject marker (honorific form of -이/가)

들으시다 to listen (honorific form of 듣다)

들어요.

들어요.

언니가 매일 무엇을 들어요?

언니가 매일 음악을 들어요.

언니가 음악을 좋아해요.

언니가 음악을 좋아해요.

그래서 언니가 매일 음악을 들어요.

그래서 언니가 매일 음악을 들어요.

또

누가 음악을 들어요?

어머니께서도 음악을 들으세요.

어머니께서도 음악을 들으세요.

Grammar Notes

"-ㄷ" irregular Verb

When the final ㄷ is followed by a vowel, it changes → "ㄹ."

Ex. 듣다 (to hear), 묻다 (to ask)

듣다 (to listen): 듣+-어요 → 들어요
묻다 (to ask): 묻+-어요 → 물어요

언니가 음악을 들어요.
My elder sister listens to music.

친구가 답을 물어요. (답-answer)
My friend asks for an answer.

If you make the honorific form of a sentence with the verb "듣다," the verb "듣다" changes into → "들으시다" (듣+-으시+다)

Ex. 어머니께서 매일 음악을 들으세요.
My mother listens to music everyday.

그래서:
"therefore," "so"

Ex. 언니가 음악을 좋아해요. 그래서 언니는 매일 음악을 들어요.
My elder sister like music, so she listens to music everyday.

영화가 슬퍼요. 그래서 울어요. (영화-movie/울다-to cry)
The movie is sad. Therefore I cry.

배가 고파요. 그래서 밥을 먹어요.
(배-stomach/밥-food)
I am hungry, so I eat food.

Exercises

1. Answer the following questions with the words given in parentheses below.

ⓐ 언니가 무엇을 들어요? (music)

언니가 음악을 들어요.

ⓑ 언니가 언제 음악을 들어요? (everyday)

매일 언니가 음악을 들어요.

ⓒ 언니가 왜 음악을 들어요? (to like)

언니가 음악을 좋아해요.

ⓓ 언니는 음악을 좋아해요? (yes-네)

네 언니가 음악을 좋아해요.

2. Complete each word by filling in the missing letters.

ⓐ 듣 다 (to listen)

ⓑ 전 화 하 다 (to call)

ⓒ 좋 아 하 다 (to like)

ⓓ 매 일 (everyday)

ⓔ 음 악 (music)

ⓕ 언 제 (when)

ⓖ 언 니 (elder sister)

ⓗ 아 침 (morning)

3. Insert spaces between the words where appropriate.

ⓐ 좋아하다 재즈 그래서 음악 집 듣다 학생 저녁 매일

ⓑ 언니 불고기집 에서 자주 언제 친구 방 전화하다

4. Choose the correct words and circle them.

ⓐ 언니가 매일 음악을 (듣어요/**들어요**).

ⓑ 친구도 매일 음악을 (**들어요**/드러요).

ⓒ 아버지께서는 재즈를 (들어요/**들으세요**).

ⓓ 선생님께서 **힙합**을 (들으세요/**들으세요**).

ⓔ 형은 힙합을 (**들어요**/들으세요).

5. Fill in the blanks with the correct form of the verb "듣다" in polite informal style, "-아요/어요/해요."

Ex. 언니가 음악을 (들어요).

ⓐ 형도 음악을 (들어요).

ⓑ 아버님께서도 음악을 (들으세요).

ⓒ 그리고 어머니께서도 집에서 음악을 (들으세요).

ⓓ 내 친구도 매일 집에서 음악을 (들어요).

ⓔ 할머니께서도 매일 음악을 (들으세요).

Exercises

6. Translate the following sentences into Korean.

ⓐ What are you listening to?

무엇을 들어요?

ⓑ Who listens to Korean music? (한국음악)

누가 한국음악을 들어요?

ⓒ I am listening to jazz (재즈).

나는 재즈를 들어요

ⓓ My younger sibling is listening to hip-hop (힙합).

내 동생은 힙합을 들어요.

ⓔ My father listens to Korean music

내 아버님께서는 한국음악을 들으세요

ⓕ My mother also listens to Korean music at home.

내 어머니께서도 집에서 한국음악을 들으세요

7. Answer the questions below with the words in parentheses.

ⓐ 수진은 언제 음악을 들어요? (everyday)

매일 수진은 음악을 들어요.

ⓑ 누가 한국 음악을 좋아해요? (my mother)

내 어머님께서는 한국 음악을 좋아하세요.

ⓒ 친구는 언제 음악을 들어요? (everyday)

매일 친구는 음악을 들어요.

ⓓ 누가 선생님하고 음악을 들어요? (my friend)

내 친구가 선생님하고 음악을 들어요.

ⓔ 아버지께서는 무슨 음악을 들으세요? (무슨-what kind of)

아버지께서는 재즈를 들으세요. (jazz-재즈)

ⓕ 동생의 친구는 무슨 음악을 들어요? (hip-hop-힙합)

동생의 친구는 힙합을 음악을 들어요.

8. Please complete the following sentences using the sentence in parentheses.

Ex.
나는 음악을 좋아해요. 그래서 매일 음악을 들어요.
(I listen to music everyday.)

ⓐ 친구를 만나요. 그래서 <u>나는 기뻐요</u>.
(I am happy.)

ⓑ 친구가 불고기를 좋아해요. 그래서 <u>친구가 매일 불고기를 먹어요</u>.
(좋아하다-to like)　　　　　　　　(My friend eats bulgogi everyday.)

ⓒ 날씨가 좋아요. 그래서 <u>나는 기뻐요</u>.
(날씨-weather/좋다-to be good) (I am happy.)

ⓓ 친구가 시간이 있어요. 그래서 <u>나는 친구를 만나요</u>.
(시간-time)　　　　　　　　(I meet my friend.)

ⓔ 시험이 있어요. 그래서 <u>나는 공부해요</u>. (시험-test)
(I study.)

9. Complete the dialogue with the words provided in parentheses.

Vocabulary Bank

한국음악　중국음악 (Chinese music)　고전 음악 (classical music)
재즈 (jazz)　댄스 (dance)　힙합 (hip-hop)

Dialogue (회화): 무엇을 들어요? (What are you listening to?)

a: 무엇을 들어요?

b: <u>음악</u> 을 들어요. (music)

39

Exercises

a: 무슨 음악을 들어요? (what kind of-무슨)

b: 고전음악을 들어요. (classical music)

a: 나는 재즈 를 좋아해요. (jazz)

b: 나도 재즈를 좋아해요. 그렇지만 힙합 을 더 좋아해요. (hip-hop)
(그렇지만-but/ 더-more)

a: 누나도 힙합 을 들어요? (hip-hop)

b: 아니오, 누나는 고전음악 을 들어요. (classical music)

a: 친구도 고전음악 을 들어요? (classical music)

b: 아니오, 친구는 재즈 를 들어요. (jazz)

10. Fill in the crossword

1.음	악				2.힙	합
			3.학	생		
					9.기	
4.집					뻐	
			7.전	화	하	다
5.고	전	음	악			
					10.들	
6.재	즈		8.좋	아	하	다

가로
Horizontal
1. music
2. hip-hop
3. student
4. home
5. classic music
6. jazz
7. to call
8. to like

세로
Vertical
9. to be happy
10. to listen

11. Write complete sentences with the words in parentheses.

ⓐ 듣다 (누나/힙합/방)

누나가 방에서 힙합을 들어요.

ⓑ 듣다 (어머니/ 매일/ 한국 음악/ 집)

매일 어머니께서는 집에서 한국 음악을 들으세요.

ⓒ 듣다 (친구/재즈/학교/매일)

매일 친구가 학교에서 재즈를 들어요

ⓓ 듣다 (선생님/ 한국 음악/ 교실-classroom)

선생님께서는 교실에서 한국 음악을 들으세요.

The song "아리랑"

Arirang is Korea's most famous folk song. Like many other folk songs, Arirang has descended from generation to generation.

How it is sung varies from region to region. Therefore, Arirang in actuality is many songs and not just one.

Despite the varieties of Arirang, all versions have something in common - each conveys private complaints or other feelings.

Arirang is also a very symbolic song showing the national sentiment of Koreans. The best known version of Arirang is Gyeonggi Arirang.

아리랑, 아리랑, 아라리요

아리랑 고개를 넘어간다.

나를 버리고 가시는 님은

십리도 못 가서 발병난다.

Arirang, Arirang, Arariyo

I am crossing over Arirang Pass.

The man/woman who abandoned me

Will not walk even ten li before his/her feet hurt.

Helpful words:

아라리요	Has no meaning and simply helps the flow of the song.
님	Grammatical gender is often not conveyed in Korean sentences, so each person in the song could be either male or female.
십리	Four kilometers, 2 miles / 십(10)+리(ri)-Korean counting words for distance
발병난다	Translated literally as "he/she develops a foot disease," but the sense being conveyed is that of having sore feet after trudging over a mountain pass.

Chapter 05 많다 (to be many)

우리 교실에 학생이 많아요.

Vocabulary

교실 classroom
학생 student

많다 to be many, to be much

다 같이 all together

세어봅시다 Let's count / 세다(to count)+-아/어 보다 (to try to)+-(으)ㅂ시다 (let's ...)

한 one

명 counting unit for person

모두 all

몇 how many (interrogative pronoun)

있다 there is/are, to have

스무 twenty

많아요.

많아요.

무엇이 많아요?

우리 교실에 학생이 많아요.

다 같이 세어봅시다.

한 명,

두 명,

세 명,

네 명,

다섯 명,

여섯 명….

모두 몇 명이 교실에 있어요?

모두 몇 명이 교실에 있어요?

스무 명이 교실에 있어요.

스무 명이 교실에 있어요.

Grammar Notes

Vst+-(으)ㅂ시다:

" Let's …" (in polite-formal style)

a. When the verb stem ends in a vowel
→ Vst+-ㅂ시다

Ex 가다 → 가+-ㅂ시다 → 갑시다

공부하다 (to study) → 공부하+-ㅂ시다
→ 공부합시다

지금 집에 갑시다.
Let's go home now.

한국말을 공부합시다.
Let's learn Korean.

b. When the verb stem ends in a consonant
→ Vst+-읍시다

Ex. 읽다 → 읽+-읍시다 → 읽읍시다
Let's read.

먹다 → 먹+-읍시다 → 먹읍시다
Let's eat.

책을 읽읍시다.
Let's read books.

오늘 한국음식을 먹읍시다.
Let's eat Korean food today.

Korean numbers:

There are two sets of numbers for counting, one of Korean origin and the other of Chinese origin. For counting units you use the words of Korean origin. (see details in the appendix)

Ex. 명(counting unit for a person)

한 명 - one person ← 하나: (one)

두 명 - two people ← 둘: (two)

세 명 - three people ← 셋: (three)

네 명 - four people ← 넷: (four)

다섯 명 - five people ← 다섯: (five)

여섯 명 - six people ← 여섯: (six)

* Note the change of 하나 into 한, 둘 into 두, 셋 into 세, 넷 into 네, and 스물 into 스무 when used with counting units.

45

Grammar Notes

몇: "how many/much?"

This question word for quantity is used when the answer requires a number.

Ex. 몇 명 (for people) how many people → 교실에 학생이 몇 명 있어요?
How many students are there in the classroom?

몇 시 (for time) what time → 지금 몇 시예요?
What time is it now?

몇 개 (for items) how many → 사과를 몇 개 사요?
How many apples do you buy?

있다: "to exist, there is," " to have"

Ex. 학교에 학생이 있어요. There are students at school.
방에 텔레비전이 있어요. There is a television in the room.
나는 동생이 있어요. I have a younger sibling.

없다: "not to have" or "there is not"

Ex 나는 친구가 있어요. → 나는 친구가 없어요.
방에 책상이 있어요. → 방에 책상이 없어요.

Exercises

1. Answer the following questions with the words given in parentheses below.

ⓐ 교실에 누가 많아요? (student)

교실에 학생이 많아요.

ⓑ 오빠는 무엇이 많아요? (friend)

오빠는 친구가 많아요.

ⓒ 앨버트는 누나가 몇 명 있어요? (2)

앨버트는 누나가 두 명 있어요.

ⓔ 수진은 오빠가 있어요? (no)

아니오, 수진은 오빠가 없어요.

2. Complete each word by filling in the missing letters.

ⓐ 교 실 (classroom)

ⓑ 다 같 이 (together)

ⓒ 세어 봅 시 다 (Let's count)

ⓓ 모 두 (all)

ⓔ 한국 음 식 (Korean food)

ⓕ 네 명 (four people)

ⓖ 텔레 비 전 (television)

ⓗ 책 상 (desk)

ⓘ 있 다 (to have, there is)

ⓙ 다 섯 명 (five people)

3. Insert spaces between the words where appropriate.

ⓐ 학생/책상/교실/명/있다/몇/없다/모두/먹읍시다

ⓑ 학교/다섯/여섯/마십시다/다같이/세어봅시다

Exercises

4. Translate the following sentences into Korean.

ⓐ My younger sibling has a lot of books.

내 동생은 책이 많아요.

ⓑ There are many students in my classroom.

내 교실에 학생이 많아요.

ⓒ How many students are in the school?

학교에 학생이 몇 명 있어요?

ⓓ Let's watch television together.

다 같이 텔레비전을 봅시다.

5. Form a sentence using the form "-(으)ㅂ시다."

Ex.　학교/가다　학교에 갑시다.

ⓐ 책/읽다 (to read)

책을 읽읍시다.

ⓑ 우유/마시다 (to drink)

우유를 마십시다

ⓒ 텔레비전/보다 (to watch)

텔레비전을 봅시다

ⓓ 한국말/가르치다

한국 말을 가르칩시다

ⓔ 친구/도와주다

친구를 도와줍시다

ⓕ 한국음악/듣다

한국음악을 들읍시다

ⓖ 신문 (newspaper)/보다

신문을 봅시다

6. Form a correct sentence with the given words, using the form "-(으)ㅂ시다."

Ex. 가다, 학교, 오늘 → 오늘 학교에 갑시다.

ⓐ 보다, 내일 (tomorrow), 영화 (movie)

내일 영화를 봅시다

ⓑ 공부하다, 지금, 한국말

지금 한국말을 공부합시다

ⓒ 한국 음식, 먹다, 내일

내일 한국 음식 먹읍시다

ⓓ 가르치다, 친구, 영어

친구한테 영어를 가르칩시다

ⓔ 도와주다, 앨버트, 다 같이

다 같이 앨버트를 도와줍시다

7. Answer the questions below with the words in parentheses.

ⓐ 친구가 몇 명 있어요? (7)

친구가 일곱 명 있어요

ⓑ 언니는 친구가 몇 명 있어요? (5)

언니는 친구가 다섯 명 있어요

ⓒ 동생이 몇 명 있어요? (3)

동생이 세 명 있어요

ⓓ 오빠는 친구가 몇 명 있어요? (6)

오빠는 친구가 여섯 명 있어요.

ⓔ 교실에 한국 학생이 몇 명 있어요? (10)

교실에 한국 학생이 열 명 있어요.

Exercises

ⓕ 교실에 학생이 모두 몇 명 있어요? (20)

교실에 학생이 모두 스무 명 있어요.

ⓖ 교실에 여학생이 몇 명 있어요? (8) (여학생-female student)

교실에 여학생이 여덟 명 있어요

ⓗ 교실에 남학생이 몇 명 있어요? (12) (남학생-male student)

교실에 남학생이 열한 명 있어요.

8. Fill in the crossword.

	¹.많			³.다	같	이
².세	다		⁴.여	섯		
		⁵.오	빠			⁶.교
⁷.친	구		⁸.책	상		실
		⁹.한	국	음	식	¹².마
	¹⁰.읽					시
¹¹.있	다		¹³.가	르	치	다

가로
Horizontal

2. to count
3. all together
4. six
5. older brother (used by a girl)
7. friend
8. desk
9. Korean food
11. to have
13. to teach

세로
Vertical

1. to be many
3. five
6. classroom
10. to read
12. to drink

9. Write complete sentences with the given words.

ⓐ 많다, 집, 책, 나

나는 집에 책이 많아요

ⓑ 세다, 선생님, 학생, 학교

선생님께서는 학교에서 학생이 세세요

ⓒ 교실, 학생, 많다

교실에 학생이 많아요

ⓓ 몇 명, 있다, 학교, 학생

학교어 학생이 몇 명 있어요 ?

ⓔ 없다, 친구, 동생, 한국

동생은 한국에 친구가 없어요.

1. Please form the following verbs into the honorific verb form.

Ex.
가다 - 가시다

ⓐ 가르치다 → 가르치시다

ⓑ 만나다 → 만나시다

ⓒ 도와주다 → 도와주시다

ⓓ 듣다 → 들으시다

ⓔ 많다 → 많시다

2. Complete each word by filling in the missing letters.

ⓐ 가르치시다
(to teach - honorific form)

ⓑ 한국말 (Korean language)

ⓒ 기쁘다 (to be happy)

ⓓ 읽으시다
(to read - honorific form.)

ⓔ 도와주시다
(to help - honorific form)

ⓕ 물어 보다 (to ask)

ⓖ 매일 (everyday)

ⓗ 도와주다 (to help)

ⓘ 많다 (to be a lot)

ⓙ 물어보시다
(to ask - honorific form)

3. Insert spaces between the words where appropriate.

ⓐ 학생새즉음악많다들으시다도와주다배기쁘시다

ⓑ 도와드리다많으시다가르치시다기쁘다슬프다듣다

4. Form a correct sentence with the given words.

> **Ex.** 가다, 할머니, 방 (room) → 할머니께서 방에 가세요.

ⓐ 가르치다, 선생님, 한국말, 우리들
선생님께서 한국말을 우리들한테 가르치세요

ⓑ 오빠, 가르치다, 영어, 우리들
오빠가 영어를 우리들한테 가르쳐요.

ⓒ 머리, 어머니, 아프다, 오늘
오늘 어머니께서는 머리가 아프세요.

ⓓ 동생, 기쁘다, 친구, 만나다
친구를 만난 후에 동생이 기뻐요.

ⓔ 도와주다, 아버지, 우리들, 매일
매일 아버지께서는 우리들을 도와주세요.

ⓕ 형, 도와주다, 친구의, 숙제 (homework)
형이 친구의 숙제를 도와줘요.

ⓖ 교실, 학생, 많다, 우리
우리 교실에 학생이 많아요.

ⓘ 듣다, 어머니, 음악, 매일
매일 어머니께서는 음악을 들으세요.

ⓙ 언니, 음악, 지금, 듣다, 집
지금 언니가 집에서 음악을 들어요

5. Form a sentence using the verbs in parentheses.

ⓐ 친구를 만나요. 그래서 _기빠요_. (to be happy)

ⓑ 나는 지금 배가 _고파요_. (to be hungry)

ⓒ 나는 머리가 _아파요_. (to hurt)

ⓓ 선생님께서 우리들한테 한국말을 _가르치세요_. (to teach)

ⓔ 오빠가 나한테 영어를 _가르쳐요_. (to teach)

ⓕ 언니는 매일 음악을 _가르쳐요_. (to teach)

ⓖ 어머니께서도 매일 음악을 _들어세요._. (to listen)

ⓗ 누나가 어머니를 _도와드려요_. (to help)

ⓘ 아버지께서 동생을 _도와주세요_. (to help)

ⓙ 교실에 학생이 _많아요_. (to be a lot)

ⓚ 아버지께서 오늘 시간이 _계세요_. (to have)

ⓛ 나는 오늘 시간이 _없어요_. (not to have)

6. The following sentences are scrambled. Write them in the correct order.

ⓐ 나를, 학교에서, 오빠가, 언제나, 도와줘요.

　오빠가 학교에서 언제나 나를 도와줘요.

ⓑ 할머니를, 도와드려요, 언니가, 집에서

　언니가 집에서 할머니를 도와드려요.

ⓒ 만나요, 친구를, 기뻐요, 오늘

오늘 친구를 만나요 그래서 기뻐요.

ⓓ 가르치세요, 우리들한테, 선생님께서, 한국말을

선생님께서 우리들한테 한국말을 가르치세요.

ⓔ 어머니께서, 들으세요, 집에서, 음악을

어머니께서 집에서 음악을 들으세요.

ⓕ 많아요, 집에, 책이, 친구는

친구는 집에 책이 많아요.

7. Choose the correct words and circle them.

ⓐ 선생님(이/께서) 우리들을 (가르쳐요/가르치세요).

ⓑ 나(은/는) 친구를 만나요. 그래서 나는 (기뻐요/기쁘다).

ⓒ 오빠가 할머니(께/를) (도와주세요/도와드려요).

ⓓ 어머니(가/께서) 언니를 (도와주세요/도와드려요).

ⓔ 누나가 음악을 매일 (들으세요/들어요).

ⓕ 어머니(가/께서) 집에서 매일 음악을 (들으세요/들어요).

ⓖ 학교(에/에서) 학생이 (많으세요/많아요).

ⓗ 나는 친구(가/를) 있어요.

ⓘ 친구는 책이 (안 있어요/없어요).

8. Fill in the crossword.

1.질		2.도		3.가			
문		와		르		4.영	어
		주		치			
6.기	쁘	다		시		5.읽	다
				다			
						10.고	
7.할	11.머	니			8.아	프	다
	리		9.많	다		다	

가로
Horizontal

4. English
5. to read
6. to be happy
7. grandmother
8. to be sick, to hurt
9. to be much

세로
Vertical

1. question
2. to help
3. to teach (honorific)
10. to be hungry
11. head

9. Write complete sentences with the words in parentheses.

ⓐ 도와주다 (아버지/동생)

아버지께서 동생을 도와주세요.

ⓑ 도와주다 (오빠/할머니)

오빠는 할머니를 도와 드려요

ⓒ 도와주다 (친구/나/숙제)

친구가 내 숙제를 도와줘요

ⓓ 기쁘다 (나/친구/만나다)

나는 친구를 만나요 그래서 기뻐요

ⓔ 기쁘다 (어머니/친구/만나다)

어머니께서는 친구를 만나세요 그래서 기쁘세요

ⓕ 가르치다 (선생님/우리들/한국말)

선생님께서는 우리들한테 한국말을 가르치세요

ⓖ 많다 (나/학교/친구)

나는 학교에 친구가 많아요

ⓗ 있다 (아버지/시간/오늘)

아버지께서는 오늘 시간이 계세요

ⓘ 있다 (학생/학교/지금)

지금 학교에서 학생이 있어요.

ⓙ 듣다 (언니/집/음악/매일)

매일 언니가 집에서 음악을 들어요.

ⓚ 듣다 (어머니/음악/지금)

지금 어머니께서는 음악을 들어요.

Unit 2

a. Irregular verbs ("ㄷ," "ㄹ," and "으") and their usage :

Ex.: "ㄷ" irregular verb :

묻다 (to ask) → 물어요

"ㄹ" irregular verb :

살다 (to live) → 사세요

"으" irregular verb :

바쁘다 (to be busy) → 바빠요

b. The two-word verb :

Ex.: 묻다+아/어 보다 (to try to) → 물어보다 (to try to ask)

c. Phrases: Vst+-아/어서 (because), Vst+-고 싶다 (to want to)

Ex.: Vst+-아/어서 (because)

고프다 → 고프+아서 → 고파서

(because (I) am hungry)

배가 고파서 밥을 먹어요.

Because I am hungry, I eat food.

Ex.: Vst+-고 싶다 (to want to)

보다 → 보+-고 싶다 →

나는 할머니가 보고 싶어요.

I want/would like to see my grandmother.

Chapter 06 물어보다 (to ask)

선생님께서 학생한테 물어보세요.

Vocabulary

선생님 teacher

학생 student

물어보시다 to ask (honorific form) / 묻다 (to ask)+-아/어 보시다(to try to, to have an experience of) in honorific form

왜 why

질문 question

있다 to have

그래서 therefore, so

또 also

누구(한테) (to) whom

선생님(께도) (to) teacher, too (-께도—honorific form of 한테도 "-to")

물어보고 asked and /물어보다+-고 (and)

여쭤보다 to ask (honorific form of 물어보다)

물어보세요.

물어보세요.

선생님께서 학생한테 물어보세요.

또

친구가 질문이 있어요.

친구가 질문이 있어요.

그래서 친구는 형한테 물어봐요.

친구는

친구는

또 누구한테 물어봐요?

친구는 선생님께도 여쭤봐요.

친구는 선생님께도 여쭤봐요.

친구는

친구는

내 친구는 형한테도 물어보고

또

선생님께도 여쭤봐요.

Grammar Notes

Vst+-아/어 보다: "to try to do something"

When a verb is used together with the verb 보다; the combination has a special idiomatic meaning. 보다, which means "to see" by itself, when combined with another verb, indicates "to try to do something."

a. Vst+-아 보다 is used after verbs with 아 or 오 in the last syllable.

Ex. 가+-아 보다 → 가 보다 (to try to go)
동생이 뉴욕에 가 봐요.

b. Vst+-어 보다 is used after all other verbs.

Ex. 먹어+-어 보다 → 먹어 보다 (to try to eat)
앨버트가 김치를 먹어 봐요. Albert is trying to eat kimchi.

c. Vst+-해 보다 is used after verbs with -하 in the last syllable.

Ex. 전화하+-여 보다 전화해 보다 (to try to call)
나는 지금 친구한테 전화해 봐요. I am trying to call my friend.

여쭤보다:

"to ask" in honorific form of **물어보다**

Ex. 동생이 할머니께 여쭤봐요.
누나가 선생님께 여쭤봐요.

-께: Honorific form of "-한테"

Ex. 동생이 나한테 말해요.
My younger sibling talks to me.
동생이 어머니께 말해요.
My younger sibling talks to my mother.

Grammar Notes

-께도:
Honorific form of "한테도 (to, too)"

> Ex. 동생이 누나한테도 물어봐요.
> 동생이 할머니께도 여쭤봐요.

*Note that "-께서" is the honorific form of the subject particle "-이/가" (subject marker) and "-께서는" is the honorific form of "-은/는" (topic marker)

> Ex. 선생님께서 학생들한테 물어보세요.
> 아버지께서는 오늘 한국에 가세요.
> 선생님께서는 오늘 학교에 안 오세요.

Vst+-고: "and" -고 connects two clauses by attaching to the verb stem of the first.

> Ex. 동생은 공부하고 형은 텔레비전을 봐요.
> My younger sibling is studying and my elder brother is watching television.
> → 동생은 공부해요. 그리고 (and) 형은 텔레비전을 봐요.
> 친구는 형한테도 물어보고 선생님께도 여쭤봐요.
> My friend is asking his elder brother and is also asking the teacher.
> → 친구는 형한테 물어봐요. 그리고 친구는 선생님께도 물어봐요. 여쭤 봐요.

*Antonym of 물어보다: 대답하다 (to answer)

> Ex. 학생이 선생님 질문에 대답해요. (질문-question)
> The student answers the question.

Exercises

1. Answer the questions below with the words in parentheses.

ⓐ 누가 물어봐요? (선생님)

선생님께서 물어보세요.

ⓑ 누구한테 물어봐요? (학생)

학생한테 물어봐요.

ⓒ 또 친구가 누구한테 물어봐요? (형)

또 친구가 형한테 물어봐요.

ⓓ 또 친구는 누구한테도 물어봐요? (선생님)

또 친구는 선생님께도 여쭤봐요.

2. Complete each word by filling in the missing letters.

ⓐ 물어 보다 (to ask)

ⓕ 선생님께 (to)

ⓑ 누구한테 (to whom)

ⓖ 학생 (student)

ⓒ 읽어 보다 (to try to read)

ⓗ 어머니 (mother)

ⓓ 먹어 보다 (to try to eat)

ⓘ 불고기 (bulgogi)

ⓔ 물어 보시 다
(to ask - honorific form)

ⓙ 김치 (kimchi)

63

Exercises

3. Insert spaces between the words where appropriate.

ⓐ 물어보시다가보다물어요한국김치먹다질문누구음악

ⓑ 물어보다선생님께여쭤보다수업무엇언니학생뉴욕전화하다

4. Translate the following sentences into Korean using the polite informal style "-아 봐요/어 봐요."

ⓐ Who is asking my friend a question?

누가 내 친구한테 물어 봐요?

ⓑ Sujin asks our teacher a question. (Sujin-수진)

수진이 내 선생님께 여쭤 봐요.

ⓒ My mother is asking me a question.

내 어머님께서 나한테 물어보세요.

ⓓ What are you asking? (무엇-what)*

무엇을 물어 봐요?

ⓔ My father is asking us a question.

내 아버님께서 우리한테 물어보세요,

*무엇을 → 뭘/뭐 (contracted form)

5. Choose the correct words and circle them.

ⓐ 형이 아버님께 (물어보세요/(여쭤봐요)).

ⓑ 선생님께서 우리들한테 ((물어보세요)/물어봐요).

ⓒ 동생이 할머니께 ((여쭤봐요)/물어봐요).

ⓓ 형 친구가 어머니께 ((여쭤봐요)/물어보세요).

ⓔ 아버님께서 형한테 ((물어보세요)/여쭤봐요).

6. Fill in the blanks with the correct words from the list of given below.

Vocabulary Bank

-한테   -께   물어보다   물어보시다   여쭤보다
-께서   -이/가

ⓐ 누구(한테) 물어봐요?

ⓑ 어머니(께서) 동생한테 (물어보세요).

ⓒ 선생님(께서) 학생들(한테) (물어보세요).

Exercises

ⓓ 친구(가) 나(한테) (   ).
　　　　　　　물어 봐요

ⓔ 형(이) 학교에서 선생님(께) (   ).
　　　　　　　여쭤 봐요

ⓕ 언니(가) 어머니(께) (   ).
　　　　　　　여쭤 봐요

ⓖ 선생님(께서) 아버지(께) (   ).
　　　　　　　여쭤 봐요 or 물어 보세요.

7. Fill in the blanks with the correct words given in parentheses below.

> Ex.　누구한테 물어봐요? (Whom are you asking?)

a: 누가 물어봐요?

b: ___나 는___ 물어봐요. (I)

a: 누구한테 물어봐요?

b: ___선생님께___ (한테/께) 여쭤봐요. (teacher)

a: 또 누구한테 물어봐요?

b: ___친구 한 테___ (한테/께) 물어봐요. (friend)

a: 아버지께서는 누구한테 물어보세요?

b: <u>어머니께</u> (한테/께) 물어보세요. (mother)

8. Using " -고," combine two sentences into one.

Ex.
> 형한테 물어봐요. 그리고 친구한테도 물어봐요.
> 형한테 물어보고 친구한테도 물어봐요.

ⓐ 나는 배가 고파요. 그리고 머리도 아파요.
나는 배가 고프고 머리도 아파요.

ⓑ 친구가 내일 한국에 가요. 그리고 일본에도 가요.
친구가 내일 한국에 가고 일본에도 가요,

ⓒ 누나가 어머니께 여쭤봐요. 그리고 아버지께도 여쭤봐요.
누나가 어머니께 여쭤보고 아버지께도
여쭤봐요.

ⓓ 동생이 언니한테 물어봐요. 그리고 선생님께도 여쭤봐요.
동생이 언니한테 물어보고 선생님께도
여쭤봐요.

Exercises

9. Fill in the crossword.

			¹.어 리				⁵.누 구
			어		⁶.친	구	
	².물	어	보	다		한	
	어		다		⁷.한	테	
³.가	보	다			국		
	시		⁸.질	문		⁹.김	치
⁴.있	다						
		¹⁰.할	아	버	지		

가로
Horizontal
2. to try asking
3. to visit (가보다)
4. to have
6. friend
8. question
9. kimchi
10. grandfather

세로
Vertical
1. to try reading
2. to ask (honorific)
5. to whom
7. Korea

* There are more than 200 different types of kimchi, but the ones shown below are the most common types of kimchi in Korea.

배추김치

napa kimchi

총각김치

bachelor's kimchi (radish kimchi with leaves)

깍두기

radish kimchi

10. Write complete sentences with the words in parentheses

ⓐ 물어보다 (할아버지-grandfather/동생)

할아버지께서 동생한테 물어보세요.

ⓑ 물어보다 (동생/누나/숙제)

동생이 누나한테 숙제를 물어 봐요.

ⓒ 물어보다 (언니/어머니)

언니가 어머니께 여쭤봐요.

ⓓ 물어보다 (할머니/누나)

할머니께서 누나한테 물어보세요.

ⓔ 물어보다 (학생/선생님/숙제)

학생이 선생님께 숙제를 여쭤봐요.

Chapter 07 살다 (to live)

친구가 한국에서 살아요.

Vocabulary

어디 where

내 my

한국(에서) (in) Korea

살다 to live (irregular verb)
　　 살아요 (살+-아요)

좋아해서 because (he/she) likes / 좋아하
　　 다 (to like)+-해서 (because)

지금 now

친구(처럼) (like a friend) / noun+-처럼
(like)

살고 싶다 (I) would like to live /살다 (to
　　 live)+-고 싶다 (would like to,
　　 to want to)

친구가

친구가

어디에서 살아요?

친구가 한국에서 살아요.

친구가 한국에서 살아요.

한국을 좋아해서

한국을 좋아해서

내 친구가 지금 한국에서 살아요.

나도

나도

친구처럼 한국에서 살고 싶어요.

친구처럼 한국에서 살고 싶어요.

Grammar Notes

"ㄹ" irregular verb:

살다 (to live), 알다 (to know), 팔다 (to sell)

a. When verbs with the final consonant "ㄹ" combine with "ㄴ, ㅂ, ㅅ," the stem "ㄹ" is dropped.

Ex.   *살+-니 → 사니? ("ㄹ" drops: combines with ㄴ) (intimate style) (*see detail in the appendix: p.159)

(너) 어디에서 사니? Where do you live? (너-you)

*살+-ㅂ니다 → 삽니다 ("ㄹ" drops: combines with ㅂ) (polite formal)

어디에서 삽니까? Where do you live? (in polite formal question form)

서울에서 삽니다. I am living in Seoul.

*살+-시+-어요 → 사세요 (polite informal in honorific form)
-시 → honorific marker
사 → ("ㄹ" drops: combines with "ㅅ")

어디에서 사세요? Where do you live?

b. When verbs with the final consonant "ㄹ" combine with a vowel, the stem "ㄹ" does not drop.

살+아요 → 살아요 (polite informal form)

아 → vowel

살 → "ㄹ" does not drop: combines with vowel "아."

Ex   어디에서 살아요? Where do you live?

서울에서 살아요. I live in Seoul.

Vst+-아서/어서/여서: "because"

The "-아서/어서/여서 (because)" is attached to the verb stem and shows the reason or condition for the following sentence.

Grammar Notes

a. When the verb stem ends in the vowel 아, or 오, you attach to the stem → "+-아서"

Ex. 오다 (to come) → 오+-아서 → 와서
   만나다 (to meet) → 만나+-아서 → 만나서

   친구가 와서 기뻐요.
   Because my friend came, I am happy. (or: I am very happy because my friend came.)

   친구를 만나서 기뻐요.
   Because I met my friend, I am happy.

b. When the verb stem ends in any other vowels (except 아, 오), you attach to the stem → "+-어서"

Ex. 읽다 (to read) 읽+-어서 → 읽어서
   먹다 (to eat) 먹+-어서 → 먹어서

   책을 많이 읽어서 피곤해요. (피곤하다-to be tired)
   김치를 많이 먹어서 배가 아파요. (배-stomach)

c. When the verb stem ends in -하, you attach to the verb stem → "+-여서" → "해서" (contracted)

Ex. 좋아하다 (to like) 좋아하+-여서 → 좋아해서
   전화하다 (to call) 전화하+-여서 → 전화해서
   나는 음악을 좋아해서 매일 음악을 들어요.
   친구가 전화해서 나는 기뻐요.

Noun+-처럼: "like"

Ex. 내 친구는 한국 사람처럼 한국말을 잘해요.
   My friend speaks Korean as well as a Korean person.

"Vst+-고 싶다": "would like to, to want to"

Ex. 나는 한국에 가고 싶어요. I would like to go to Korea.
   한국음식을 먹고 싶어요? (음식-food)
   네, 한국 음식을 먹고 싶어요.
   한국말을 공부하고 싶어요? 네, 한국말을 공부하고 싶어요.

Exercises

1. Answer the questions below using the words in parentheses.

ⓐ 친구가 지금 어디에서 살아요? (Korea)

친구가 지금 한국에서 살아요.

ⓑ 친구가 왜 한국에서 살아요? (because he/she likes Korea)

친구가 한국을 좋아해서 한국에서 살아요

ⓒ 친구처럼 한국에서 살고 싶어요? (yes)

네, 친구처럼 한국에서 살고 싶어요.

2. Complete each word by filling in the missing letters.

ⓐ 한국 (Korea)

ⓕ 아프다 (to be sick)

ⓑ 좋아하다 (to like)

ⓖ 어디 (where)

ⓒ 친구처럼 (like my friend)

ⓗ 피곤하다 (to be tired)

ⓓ 살다 (to live)

ⓘ 사시다
(to live in honorific form)

ⓔ 지금 (now)

ⓙ 한국 사람 (Korean)

3. Insert spaces between the words where appropriate.

ⓐ 처럼한국지금나도한국사람배친구살다좋아하시다어디

ⓑ 사시다미국사람잘하다살겠다읽으시다한국말친구읽다

73

Exercises

4. Fill in the blanks with the correct words.

Ex.
-처럼   -에서   -아서   -어서   -해서

ⓐ 친구가 한국(에서) 살아요.

ⓑ 앨버트는 한국사람(처럼) 한국말을 잘해요. (잘하다-to do well)

ⓒ 선생님께서는 미국(에서) 오세요. (미국-America)

ⓓ 친구는 한국을 좋아(해서) 한국에서 살아요.

ⓔ 언니는 미국사람(처럼) 영어를 잘해요.

ⓕ 나도 언니(처럼) 중국어를 공부하겠어요. (중국어-Chinese)

ⓖ 친구를 만나(서) (나는) 기뻐요.

ⓗ 한국음식을 먹(어서) 기분이 좋아요. (기분-mood)

5. Using "-아서/어서/여서," combine two sentences into one.

Ex.
나는 아파요. 그래서 집에 가요. → 나는 아파서 집에 가요.

ⓐ 날씨가 나빠요. 그래서 집에 있어요. (날씨-weather/있다-to be)

날씨가 나빠서 집에 있어요

ⓑ 배가 고파요. 그래서 식당에 가요. (식당-restaurant)

배가 고파서 식당에 가요

ⓒ 내 친구는 불고기를 좋아해요. 그래서 많이 먹어요.

내 친구는 불고기를 좋아해서 많이 먹어요

ⓓ 어머니께서 미국에 오세요. 그래서 기뻐요.

어머니께서 미국에 오셔서 기뻐요

ⓔ 형이 바빠요. 그래서 친구를 못 만나요. (못-cannot)

형이 바빠서 친구를 못 만나요

ⓕ 한국을 좋아해요. 그래서 한국에서 살아요.

한국을 좋아해서 한국에서 살아요.

ⓖ 앨버트는 친구를 좋아해요. 그래서 매일 만나요.

앨버트는 친구를 좋아해서 매일 만나요

6. Change the following sentences into complete sentences using "-고 싶다."

Ex.　나는 학교에 가요. → 나는 학교에 가고 싶어요.

ⓐ 나는 저녁에 한국 식당에 가요. (저녁-evening)

나는 저녁에 한국 식당에 가고 싶어요.

ⓑ 나는 부모님하고 한국에 가요.

나는 부모님하고 한국에 가고 싶어요

ⓒ 배가 고파서 밥을 먹어요. (배-stomach)

배가 고파서 밥을 먹고 싶어요.

ⓓ 친구하고 영화를 봐요. (영화-movie)

친구하고 영화를 보고 싶어요.

ⓔ 한국에 가서 친구를 만나요.

한국에 가서 친구를 만나고 싶어요.

Exercises

7. Fill in the crossword.

¹한	국	사	람		²시	간	
	³있		⁵저				
⁴살	다		녁				
				⁶질	문		⁷예
⁸친	구	처	럼				쁘
				⁹좋	아	하	다
	¹⁰고	프	다				

가로
Horizontal
1. Korean people
2. time
4. to live
6. question
8. like friends
9. to like
10. to be hungry

세로
Vertical
3. to have
5. evening
7. to be pretty
9. to be good

8. Write complete sentences with the words in parentheses.

ⓐ 살다 (할아버지/한국/좋아하시다/한국에서)

할아버지께서는 한국을 좋아하셔서 한국에서 사세요.

ⓑ 살다 (앨버트도/한국/좋아하다/한국에서)

앨버트도 한국을 좋아해서 한국에서 살아요

© -고 싶다 (나/한국음식/먹다/오늘)

오늘 나는 한국음식을 먹고 싶어요.

ⓓ 처럼 (앨버트/한국말/한국사람/말하다)

앨버트는 한국사람처럼 한국말을 말해요

ⓔ 살다 (나/미국/좋아하다/-고 싶다)

나는 미국을 좋아해서 미국에서 살고 싶어요

C. Cultural Note :
한국 전통집

Traditional Korean Houses:

1. A straw-roofed house: 초가집

   Middle and lower class residences had a simple structure of a room, porch, and kitchen. Usually, straw was used to thatch the roof and, depending on the region, oak bark or pieces of pine were used instead. On the windy island of Jeju, rocks were hung from roofs to keep them in place.

2. A tile-roofed house: 기와집

   Upper class residences had tiled roofs, and were often referred to as "giwajib" because of this.

   Influenced by Confucian ideas, the house was planned with the residents' gender, age, and standing in mind. Male adults slept and ate in the "sarangchae," while women and children dwelled in the "anchae," which was sometimes used for married

couples as well. In the case of male children, they lived in the "anchae" until reaching the age of 7, after which they were moved to the "sarangchae." Female children remained in the "anchae."

3. A wood/stone plate-roofed house: 너와집

Instead of straw or tile, the roof-tops in mountainous areas or regions with great wind were made of wood or stone pieces.

친구가 한국에서 나한테 편지를 써요.

Vocabulary

쓰다 to write (irregular verb)
써요 (쓰+-어요)-present tense

친구 friend

무엇 what

지금 now

하다 to do

나(한테) (to) me

한국(에서) (from) Korea

편지 letter

한국말(로) (in) Korean

보고 싶다 would like to see / 보다+-고
싶다(would like to)

아주 a lot, very much

써요.
써요.
친구가 지금 무엇을 해요?
친구가 지금 나한테 편지를 써요.

친구가
친구가
어디에서 편지를 써요?
친구가 한국에서 편지를 써요.

한국말로
한국말로
친구가 지금 나한테 편지를 써요.
친구가 지금 나한테 편지를 써요.

나는 친구가 보고 싶어요.
나는 친구가 아주 보고 싶어요.

Grammar Notes

"으" irregular verb:

아프다 (to be sick), 기쁘다 (to be happy), 쓰다 (to write) in cases where "-아/어" is followed by 으, 으 is deleted.

a. When the previous vowel of 으 is 아 → you attach to the stem "-아"

Ex. 아프다 (to be sick) → 아파요 머리가 아파요. I have a headache.

b. When another vowel comes before 으 → you attach to the stem "-어"

Ex. 기쁘다 (to be happy) → 기뻐요 나는 기뻐요.

c. When there is no vowel before 으, → you change verb stem into "-어-".

Ex. 쓰다 (to write) → 쓰+-어요 → 써요 나는 편지를 써요. I write a letter.

-에서 : "at, from"

Ex. "at"
앨버트가 한국에서 한국말을 공부해요.

Ex. "from"
친구가 뉴욕에서 와요.
My friend is coming from New York.

-한테: "to whom"

Ex. 나는 친구한테 전화해요.
나는 아기한테 우유를 줘요. (주다to give)

-(으)로: " by, with"

When the noun ends in a vowel, you use "-로" and when the noun ends in a consonant, you use "-으로"

Ex. 형이 버스로 집에 와요.
My elder brother is coming home by bus.
친구가 한국에서 한국말로 나한테 편지를 써요.
My friend in Korea writes me a letter in Korean.

내 = 나의

Exercises

1. Answer the questions below using the words in parentheses.

ⓐ 친구가 지금 어디에 있어요? (Korea)

친구가 지금 한국에 있어요.

ⓑ 친구가 왜 한국에 있어요? (to study Korean)

친구가 한국말을 공부해서 한국에 있어요

ⓒ 친구가 무엇을 해요? (writes a letter to me)

친구가 나한테 편지를 써요

ⓓ 친구가 한국말로 편지를 써요? (yes)

네, 친구가 한국말로 편지를 써요

2. Complete each word by filling in the missing letters.

ⓐ 나 한 테 (to me)

ⓑ 무 엇 (what)

ⓒ 친 구 (friend)

ⓓ 지 금 (now)

ⓔ 아 기 (baby)

ⓕ 한 국 에 서 (from Korea)

ⓖ 한 국 말 로 (in Korean)

ⓗ 아 주 (a lot, very much)

ⓘ 쓰 다 (to write)

ⓙ 편 지 (letter)

3. Choose the correct words and circle them.

ⓐ 선생님께서 우리들한테 한국말로 편지를 (쓰세요/써요).

ⓑ 언니가 친구한테 영어로 편지를 (쓰세요/써요)? (영어-English)

ⓒ 아버지께서 누나한테 영어로 편지를 (쓰세요/써요).

ⓓ 학생들이 선생님께 한국말로 편지를 (쓰세요/써요)?

ⓔ오빠가 부모님께 편지를 (쓰세요/써요). (부모님-parents)

4. Fill in the blanks with the correct particles.

Ex.
-에서, -에, -한테, -께, -께서, -로, -으로

ⓐ 친구가 미국 (에서) 나한테 편지를 써요. (미국-America)

ⓑ 앨버트가 한국 (에서) 나 (한테) 한국말 (로) 편지를 써요.

ⓒ 동생이 미국 (에서) 영어 (로) 친구한테 전화해요. (전화하다-to call)

ⓓ 어머니 (께서) 언니 (한테) 한국말 (로) 말하세요. (말하다-to talk)

ⓔ 형이 아버님 (께) 미국에서 전화해요.

ⓕ 누나가 펜 (으로) 편지를 써요. (펜-pen)

ⓖ 오빠가 버스 (로) 뉴욕에서 와요. (버스-bus)

ⓗ 수진이 중국 (에서) 미국 (에) 와요. (중국-China)

5. Translate the following sentences into Korean using the polite informal style "-아요/어요."

ⓐ I write a letter in Korean.
나는 한국말로 편지를 써요.

ⓑ My friend writes a letter with a pen. (pen-펜)
내 친구가 펜으로 편지를 써요.

ⓒ My father comes home by bus.
내 아버지께서 버스로 집에 오세요.

ⓓ What are you writing?
무엇을 써요?

Exercises

ⓔ Albert is writing a letter to me in English.
앨버트가 가한테 영어로 편지를 써요

6. Form a correct sentence from each group of words given below.

ⓐ 동생이, 써요, 한국말로, 편지를, 한국에서
동생이 한국에서 한국말로 편지를 써요.

ⓑ 싶어요, 영어로, 쓰고, 편지를, 나는, 친구한테
나는 친구한테 영어로 편지를 쓰고 싶어요

ⓒ 부모님께, 미국에서, 편지를, 써요, 누나가 (미국-America)
누나가 미국에서 부모님께 편지를 써요.

ⓓ 친구가, 써요, 편지를, 무엇으로
친구가 무엇으로 편지를 써요. .

ⓔ 어머니께서, 쓰세요, 편지를, 동생한테
어머니께서는 동생한테 편지를 쓰세요

ⓕ 비행기로 (by airplane), 아버지께서, 가세요, 미국에
아버지께서 미국에 비행기로 가세요

7. Complete the sentences using "-고 싶다" with the given words.

ⓐ 김치, 나, 지금, 먹다
지금 나는 김치가 먹고 싶어요.

ⓑ 부모님, 보다, 오늘, 나
오늘 나는 부모님이 보고 싶어요.

ⓒ 친구, 서울, 나, 만나다
나는 친구를 서울에서 만나고 싶어요.

ⓓ 백화점, 구두, 양말, 친구하고, 내일, 나, 사다
(구두-shoes/양말-socks/백화점-department store)
내일 나는 백화점 구두하고 양말이 사고 싶어요

8. Fill in the crossword.

				2.읽 리			5.우
1.가	르	치	시	다			리
르					4.부		한
치					모		테
다		3.선	생	님			
						6.오	빠
					8.매		
7.한	국	말				9.일	본	말

가로
Horizontal

1. to teach (honorific)
3. teacher
6. elder brother (by a girl)
7. Korean language
9. Japanese language

세로
Vertical

1. to teach
2. to read
4. parents
5. to us
8. everyday

9. Write complete sentences with the words in parentheses.

ⓐ 쓰다 (언니/부모님/편지/한국말)

언니가 부모님께 한국말로 편지를 써요.

ⓑ 쓰다 (아버지/할머니/편지/미국)

아버지께서 미국에서 할머니께 편지를 쓰세요

ⓒ 쓰다 (나/편지/한국말/-고 싶다)

나는 한국말로 편지를 쓰고 싶어요

ⓓ 쓰다 (친구/나/중국말/편지/-겠-)

친구가 나한테 중국말로 편지를 쓰겠어요

b) 아버지께서는 미국에 계시는 할머니께 편지를 쓰세요.
(alternative - grandma is in US)

85

Chapter 09 씻다 (to wash)

동생이 손을 씻어요.

Vocabulary

동생 younger sibling

손 hand

씻다 to wash
씻어요 (씻+-어요)

무엇으로 with what

비누(로) (with) soap

얼굴(과) face (and)

발(도) foot (too)

씻고 to wash and / 씻다 (to wash)+-고 (and)

다리(도) leg (also)

우리 our

착하다 to be good-hearted

아주 a lot, very much

씻어요.
씻어요.
동생이 무엇을 해요?
동생이 손을 씻어요.

동생이
동생이
무엇으로 손을 씻어요?

동생이
비누로 손을 씻어요.
비누로 손을 씻어요.

얼굴과 발도 씻고,
팔과 다리도 씻어요.

동생,
동생,
우리 동생.
우리 동생은 아주 착해요.

Grammar Notes

-(으)로: "by, with, using"

When the noun ends in a vowel, you use "-로" and
when the noun ends in a consonant, you use "-으로"

> Ex. 나는 버스로 집에 와요. I am coming home by bus.
> 앨버트가 책으로 한국말을 공부해요.
> Albert studies Korean with (using) a book.

-와/과:

"and" particle. Links nouns and has the meaning of "and/together."
The baby washes its foot and also its leg.
When the noun ends in a vowel → "와" and
When the noun ends in a consonant → "과"

> Ex. 우유와 아기 (milk and baby)
> 책과 공책 (book and notebook)
> *It may be used as "-하고" in spoken language.
> Ex. 얼굴과 팔을 씻어요. → 얼굴하고 팔을 씻어요.
> 학교 친구와 갔어요? → 학교 친구하고 갔어요?

Vst+-고:

"and, and then" Conjunctive ending.

> Ex. 형은 학교에서 공부하고 동생은 집에서 공부해요.
> My elder brother studies at school and my younger sibling studies at home.
> 아기가 발도 씻고 다리도 씻어요.
> The baby washes its foot and also washes its leg.
> 나는 숙제를 하고 텔레비전을 봐요. (숙제-homework)

87

Body Parts:

1. 눈 (eyes)
2. 코 (nose)
3. 입 (mouth)
4. 머리 (head)
5. 귀 (ear)
6. 팔 (arm)
7. 손 (hand)

8. 다리 (leg)
9. 무릎 (knee)
10. 발 (foot)
11. 어깨 (shoulder)
12. 손가락 (finger)
13. 발가락 (toes)

얼굴 (face)

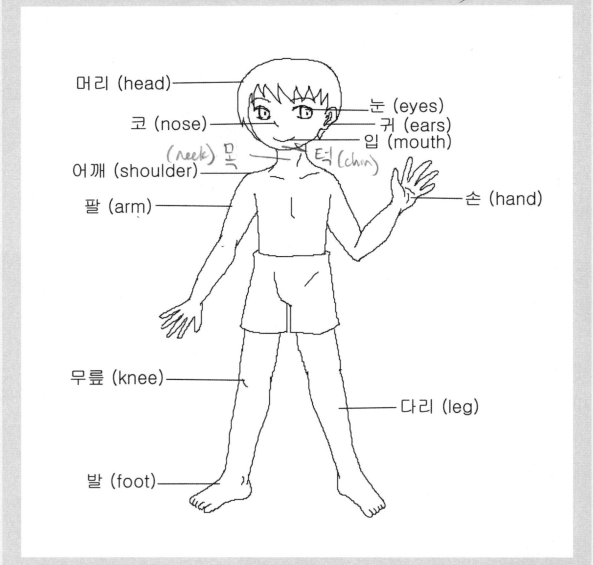

머리 (head)

코 (nose)

어깨 (shoulder)

팔 (arm)

눈 (eyes)

귀 (ears)

입 (mouth)

(neck) 목

턱 (chin)

손 (hand)

무릎 (knee)

다리 (leg)

발 (foot)

Exercises

1. Answer the questions below using the words in parentheses.

ⓐ 동생이 무엇을 해요? (washes the hands)

동생이 손을 씻어요.

ⓑ 동생이 무엇으로 씻어요? (soap)

동생이 비누로 씻어요.

ⓒ 또 동생이 무엇을 씻어요? (face and foot)

또 동생이 얼굴과 발을 씻어요.

ⓓ 그리고 동생이 또 무엇을 씻어요? (leg and arm)

그리고 동생이 또 다리와 팔을 씻어요

2. Complete each word by filling in the missing letters.

ⓐ 얼굴 (face)　　ⓑ 다리 (leg)　　ⓒ 손 (hand)

ⓓ 머리 (head)　　ⓔ 발 (foot)　　ⓕ 씻다 (to wash)

ⓖ 비누로 (with soap)　　ⓗ 아기 (baby)　　ⓘ 우유 (milk)

ⓙ 공책 (notebook)

3. Match the parts of the body in column B with their English equivalents in column A

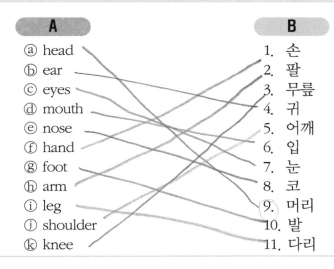

A	B
ⓐ head	1. 손
ⓑ ear	2. 팔
ⓒ eyes	3. 무릎
ⓓ mouth	4. 귀
ⓔ nose	5. 어깨
ⓕ hand	6. 입
ⓖ foot	7. 눈
ⓗ arm	8. 코
ⓘ leg	9. 머리
ⓙ shoulder	10. 발
ⓚ knee	11. 다리

Exercises

4. Fill in the blanks with the correct words.

ⓐ 누나가 (얼굴)을 씻어요. (face)

ⓑ 동생이 (손들)을 씻어요. (hand(s))

ⓒ 아기가 (발들)을 씻어요. (feet)

ⓓ 친구가 (다리)하고 (팔)을 씻어요. (leg/arm)

ⓔ 언니가 (무릎)을 씻어요. (knee)

ⓕ 형이 (어깨)를 씻어요. (shoulder)

5. Fill in the blanks with the correct particles.

Ex.
-(으)로, -와/과, -에서, 에

ⓐ 동생이 비누(로) 얼굴을 씻어요.

ⓑ 아기가 다리(와) 팔도 씻어요.

ⓒ 형이 차(로) 뉴욕(에) 가요. (차-car)

ⓓ 나는 눈(으로) 텔레비전을 봐요.

ⓔ 나는 입(으로) 밥을 먹어요.

ⓕ 나는 코(로) 냄새를 맡아요. (냄새를 맡다-to smell)

ⓖ 나는 발(으로) 걸어요. (걷다-to walk)

ⓗ 나는 머리(로) 생각해요. (생각하다-to think)

6. Combine the two sentences into one using "-고."

Ex.
아기가 얼굴을 씻어요. 그리고 손도 씻어요.
→ 아기가 얼굴을 씻고 손도 씻어요.

ⓐ 친구는 한국에서 살아요. 그리고 한국말을 공부해요.

친구는 한국에서 살고 한국말을 공부해요

ⓑ 동생은 집에 있어요. 그리고 나는 학교에 가요.

동생은 집에 있고 나는 학교에 가요.

ⓒ 형은 신문을 봐요. 그리고 밥을 먹어요.

형은 신문을 보고 밥을 먹어요.

ⓓ 언니는 친구를 만나요. 그리고 한국 음식을 먹어요.

언니는 친구를 만나고 한국 음식을 먹어요.

ⓔ 나는 영어를 공부해요. 그리고 누나는 중국어를 공부해요.

나는 영어를 공부하고 누나는 중국어를 공부해요

7. Sing the following song aloud! Have fun!

머리 어깨 무릎 발 무릎 발 머리 어깨 무릎 발 무릎

머리 어깨 발 무릎 발 머리 어깨 무릎 귀 코 귀

누나가 답을 알아요.

Vocabulary

알다 to know (irregular verb)
알아요 (알다+-아요)

우리(의) our / 우리-we

누나 elder sister (used by a boy)

언제나 always

답 answer

나라 이름 name of the country / 나라
(country)+이름 (name)

물어보시다 honorific form of 물어보다-
to try to ask

그러면 then

대한민국 Republic of Korea (R.O.K.)

미국 United States of America (U.S.A.)

중국 China

일본 Japan

똑똑하다 to be bright, to be smart

알아요.
알아요.
누나가 무엇을 알아요?
누나가 답을 알아요.

선생님께서 나라 이름을
물어보세요.
선생님께서 나라 이름을
물어보세요.
그러면
누나는 언제나 답을 알아요.
누나는 언제나 답을 알아요.

대한민국
미국
중국
일본

누나,
누나,
우리 누나.
우리 누나는 똑똑해요.

Grammar Notes

알다: "ㄹ" irregular verb

When verbs with the final consonant "ㄹ" combine with "ㄴ, ㅂ, ㅅ," the stem "ㄹ" is dropped.

a. 알+-니 → 아니? ("ㄹ" drops: combines with ㄴ) (intimate style) (see details in the appendix: p.159)

저 학생을 아니? Do you know that student?

응, 저 학생을 알아. Yes, I know that student. (응: "yes" in intimate style)

b. 알+-ㅂ니다 → 압니다 ("ㄹ" drops: combines with ㅂ) (polite formal style)

저 학생을 압니까? Do you know that student?

네, 저 학생을 압니다. Yes, I know that student.

c. 알+-시+다 → 아+-시-어요 → 아세요 ("ㄹ" drops: combines with ㅅ) (polite informal style)

저 학생을 아세요?

Do you know that student? (polite informal honorific form)

우리 어머님께서는 저 학생을 아세요.
My mother knows that student.

But when these irregular verbs combine with a vowel, the stem "ㄹ" does not drop.

알+-아요 → 알아요 (combines with "아") (polite informal form)

-아 → vowel

알아요 → The verb stem does not change.

저 학생을 알아요? Do you know that student? (저-that)

네, 저 학생을 알아요. Yes, I know that student.

그러면: "and then, if"

Conjunctive. The first sentence is a premise or presumption of the second sentence.

Ex. 선생님께서 물어보세요. 그러면 우리 누나는 답을 알아요.

배가 고파요. 그러면 식당에 가세요.

내일 시험이 있어요. 그러면 공부하세요.

친구가 보고 싶어요. 그러면 전화하세요.

Exercises

1. Answer the following questions with the words given in parentheses below.

ⓐ 누나가 무엇을 알아요? (answer)

누나가 답을 알아요

ⓑ 선생님께서 무엇을 물어보세요? (name of the countries)

선생님께서 나라 이름들을 물어보세요.

ⓒ 나라 이름들은 무엇이에요? (Korea, Japan, China and America)

나라 이름들은 한국과 일본과 중국과 미국이에요

ⓓ 누나는 똑똑해요? (yes)

네, 누나는 똑똑해요

2. Fill in the blanks with the correct form of the verb "알다" and complete the sentence.

ⓐ 나는 답을 (알아요).

ⓑ 누나도 답을 (알아요).

ⓒ 친구도 답을 (알아요).

ⓓ 또 선생님께서도 답을 (아세요).

ⓔ 할머니께서도 답을 (아세요)?

ⓕ 네, 할머니께서도 답을 (아세요).

3. Complete each word by filling in the missing letters.

ⓐ 언제나 (always)　　　　　　ⓖ 알다 (to know)

ⓑ 아시다　　　　　　　　　　ⓗ 똑똑하다 (to be smart)
(honorific form of 알다)

ⓒ 살다 (to live)　　　　　　ⓘ 사시다
(honorific form of 살다)

ⓓ 답 (answer)　　　　　　　ⓙ 언제 (when)

ⓔ 학생 (student)　　　　　　ⓚ 께서 (honorific particle of 은/는)

ⓕ 알았다 (past tense of 알다)　ⓛ 그러면 (then)

4. Choose the correct words and circle them.

ⓐ 우리 언니는 언제나 답을 (아세요/**알아요**).

ⓑ 내 친구도 답을 (아세요/**알아요**).

ⓒ 선생님께서 답을 (**아세요**/알아요).

ⓓ 부모님께서도 답을 (**아세요**/알아요).

ⓔ 형도 답을 (**알아요**/아세요).

ⓕ 우리 언니는 (**똑똑해요**/똑똑하세요).

95

Exercises

5. Using the polite informal form, "-아/어요," translate the following sentences into Korean

ⓐ Who knows the answer?

누가 답을 알아요

ⓑ I know that answer.

내가 답을 알아요

ⓒ My mother knows my English teacher. (English-영어)

내 어머님께서 영어 선생님을 아세요

ⓓ Does Albert's teacher know Albert's parents?

앨버트의 선생님께서 앨버트의 부모님을 아세요?

ⓔ What do you know?

무엇을 알아요

6. The following sentences are not correct. Form correct sentences.

ⓐ 나는 답을 아세요.

나는 답을 알아요

ⓑ 동생이 누구를 아세요?

동생이 누구를 알아요?

ⓒ 내 누나께서는 한국어 선생님을 아세요.

내 누나는 한국어 선생님을 알아요.

ⓓ 선생님이 무엇을 알아요?

선생님께서 무엇을 알아요?

ⓔ 친구가 영어 선생님을 아세요.

친구가 영어 선생님을 알아요

7. Complete the sentences the best way you see fit.

Ex.
비가 와요. 그러면 집에 있겠어요. (비-rain)

ⓐ 배가 고파요. 그러면 식당에 가세요

ⓑ 내일 한국어 시험이 있어요. 그러면 _많이 공부하겠어요_

ⓒ 꽃이 예뻐요. 그러면

ⓓ 친구가 보고 싶어요. 그러면 _수업 후에 친구를 만나겠어요_

ⓔ 한국 음식을 먹고 싶어요. 그러면 _식당에 가겠어요_

8. Fill in the crossword.

¹잘		²아				
		시	⁴오	늘		
³똑	똑	하	다			
					⁵내	일
		⁶언	제	나		
	⁷어	제				
⁸학						
생		⁹지	금		¹⁰알	다

가로
Horizontal
1. well
3. to be smart
4. today
5. tomorrow
6. always
7. yesterday
8. school
9. now
10. to know

세로
Vertical
2. to know (honorific)
6. when
8. student

97

Exercises

9. Write complete sentences with the words in parentheses.

ⓐ 알다 (친구/지금/답)

지금 친구가 답을 알아요

ⓑ 읽다 (선생님/-겠/책/그러면/나도)

선생님께서는 책이 읽어요 그러면
나도 책이 읽겠어요

ⓒ 알다 (할머니/중국어-Chinese)

할머니께서는 중국어를 알아요.

ⓓ 읽다 (선생님/-겠/그러면/나도)

_____

ⓔ 먹다 (형/밥/그러면/나도/-겠)

형이 밥을 먹어요 그러면 나도 밥을
먹겠어요

ⓕ 공부하다 (시험/내일/있다/그러면)

_____

1. Fill in the blanks with the correct particles.

Ex.

-아/어서, -(으)로, -께, -께서(께서는), -에서, -에, -고 싶다

ⓐ 한 학생이 선생님 (께서) 여쭤봐요.

ⓑ 내 친구는 한국 (에서) 살아요.

ⓒ 아기가 비누(로) 얼굴을 씻어요.
　　　　　soap

ⓓ 나는 미국에 가 (고 싶어요).

ⓔ 앨버트는 불고기를 좋아 (해서) 언제나 많이 먹어요.

ⓕ 나는 친구를 만나 (서) 기뻐요.

ⓖ 어머니 (께서) 내일 학교에 오세요.

ⓗ 한국어 선생님 (께서) 중국어도 아세요. 알다

ⓘ 한국말로 편지를 쓰 (고 싶어요).

ⓙ 나는 한국 음식을 먹 (고 싶어요).

2. Complete each word by filling in the missing letters.

ⓐ <u>살</u>다 (to live)   ⑧ 그러<u>면</u> (then)

ⓑ 처<u>럼</u> (like ...)   ⓗ <u>비</u>누 (soap)

ⓒ 사<u>시</u>다   ⓘ 씻<u>었</u>다 (past form of 씻다)
(honorific form of 살다)

ⓓ 지<u>금</u> (now)   ⓙ 살<u>고</u> 싶다 (to want to live)

ⓔ 미<u>국</u> (America)   ⓚ <u>아</u>시다
(honorific form of 알다)

ⓕ 먹고 <u>싶</u>다 (to want to eat)   ⓛ 얼<u>굴</u> (face)

3. Choose the correct words and circle them.

ⓐ 선생님께서 지금 한국에서 (⟨사세요⟩/살아요).

ⓑ 동생이 매일 얼굴을 (⟨씻어요⟩/씻으세요).

ⓒ 나는 밥을 먹고 (⟨싶어요⟩/싶으세요).

ⓓ 우리 언니는 언제나 답을 (아세요/⟨알아요⟩).

ⓔ 친구가 선생님께 무엇을 (물어봐요/여쭤봐요)?

ⓕ 할머니께서 손을 무엇으로 (씻어요/씻으세요)?

ⓖ 할아버지께서 중국어로 편지를 (써요/쓰세요)?

4. Write the correct form of the verb in parentheses to complete each sentence.

ⓐ 우리 부모님께서는 지금 한국에서 (사세요). (to live)

ⓑ 언니는 지금 미국에서 (살아요). (to live)

ⓒ 누나는 언제나 답을 (알아요). (to know)

ⓓ 나는 어머니께 영어를 (여쭤봐요). (to ask)

ⓔ 나는 한국에서 살고 (싶어요). (to want to)

ⓕ 아버님께서 답을 (아세요). (to know)

ⓖ 할머니께서 매일 얼굴을 (씻으세요). (to wash)

ⓗ 동생도 매일 얼굴을 (씻어요). (to wash)

ⓘ 친구가 미국에서 나한테 편지를 (*써요*). (to write)

ⓙ 선생님께서 답을 (*쓰세요*). (to write)

ⓚ 어머니께서 저한테 답을 (　　　). (to ask)

　　　　　물어 보세요

5. Answer the questions with the words in parentheses.

ⓐ 왜 한국에서 살아요? (to like)

　　나는 한국을 좋아해요.

ⓑ 아기가 지금 무엇을 해요? (to wash/face/with soap)

　　아기가 지금 바구로 얼굴을 씻어요

ⓒ 누구한테 물어봐요? (teacher)

　　선생님께 여쭤 봐요.

ⓓ 부모님께서는 어디에서 사세요? (Korea)

　　부모님께서는 한국에서 사세요.

ⓔ 친구한테 편지를 어떻게 써요? (in Korean) (어떻게-how)

　　친구한테 편지를 한국말로 써요.

ⓕ 왜 기뻐요? (to meet friend)

　　나는 친구를 만나서 기뻐요

ⓖ 왜 선생님께 여쭤봐요?

　　나는 질문이 있어서 여쭤봐요.

6. Match the words in column A with those in column B.

A

ⓐ 누나는 언제나 답을 *8*

ⓑ 동생이 지금 비누로 얼굴을 *6*

ⓒ 학생이 선생님께 문제를 *5*

ⓓ 아버지께서도 답을 *2*

ⓔ 제* 부모님께서는 한국에서 *3*

ⓕ 나는 비누로 얼굴을 씻고 *7*

ⓖ 선생님께서도 한국에서 살고 *4*

ⓗ 할아버지께서 누나한테 영어를 *1*

* 제 - humble form of 내 (my)

B

1. 물어보세요.
2. 아세요.
3. 사세요.
4. 싶으세요.
5. 여쭤봐요.
6. 씻어요.
7. 싶어요.
8. 알아요.

7. Fill in the crossword.

		1.좋				2.얼	굴
	3.살	다				러	
				4.처	럼		
	5.씻						
6.싼	다		7.日			8.똑	
			본		10.비	똑	
		9.영	어		누	하	
						11.알	다

가로
Horizontal

2. face
3. to live
4. like, as
6. to write
9. English language
11. to know

세로
Vertical

1. to be good
5. to wash
7. Japanese language
8. to be smart
10. soap

8. Write complete sentences with the words in parentheses.

ⓐ 살다 (나/지금/미국)

나는 지금 미국에서 살아요

ⓑ 살다 (제/부모님/지금/한국)

_____

ⓒ 알다 (친구/답)

친구가 답을 알아요

ⓓ 알다 (아버지/한국말/선생님/잘-well)

_____

ⓔ -고 싶다 (나/미국/살다)

나는 미국에서 실고 싶어요.

ⓕ 씻다 (할머니/얼굴/지금)

할머니께서는 지금 얼굴을 씻세요

ⓖ 씻다 (누나/얼굴/비누/매일 아침)

  _____

D. Cultural Note :
떡볶이, Spicy Fried Rice Cake

Ddeokbokki is a traditional Korean dish made with finger-shaped rice cakes. In order to make ddeokbokki, white cylindrical rice cakes are cut into pieces as long as a finger and soaked in water a little while. The soy sauce and sesame are added and they are stir-fried. After cooking with seasoned meat, dropworts, carrots, and mushrooms, they are put in a bowl and mixed together.

However, the ddeokbokki as a snack nowadays is somewhat different from the traditional one. The biggest difference is that hot pepper paste (고추장) is included among the condiments. This very hot pepper paste makes the dish bright red, and its taste sweet and spicy. This stimulating taste is very popular, especially among young people. Ddeokbokki is also sold on the street, and the sight of students or young people eating ddeokbokki at street side stalls is a special aspect of Korea's culture.

포장마차 (snack bar under an awning)

떡볶이

105

Unit 3

a.   Past Tense: "-았-, -었-, -했-"
         Past tense marker

b.   Verbal Modifiers (Noun modifiers)
     Ex.: 자다 (to sleep)+아기
         → 자는 아기 a sleeping baby
         먹다 (to eat)+아기
         → 먹는 아기 an eating baby
         부지런하다 (to be diligent)+형
         → 부지런한 형 a diligent elder brother

c.   Phrases: Vst+-(으)려고(in order to),
     Vst+-고(and)

d.   반말 (Plain/intimate speech style)

e.   명령 (Command form)

f.   "이다" verb

Chapter 11 주다 (to give)

오빠가 친구한테 선물을 줘요.

Vocabulary

오빠 elder brother (used by a girl)

친구(한테) (to) a friend

-의 of (possessive particle)

선물 present

오늘 today

생일 birthday

그래서 therefore

그리고 and

말하다 to speak

축하해! congratulations!
　　　축하하다-to congratulate

또 also

선생님(께도) (also to) teacher/ -께
　　　(honorific form of "-한테")

드리다 to give (honorific word of 주다
　　　-to give)

오빠가 친구한테
선물을 줬어요.
오빠가 친구한테
선물을 줬어요.

오늘은
오빠 친구의 생일.
오늘은
오빠 친구의 생일.

그래서
오빠가 친구한테
선물을 줬어요.

그리고
오빠가 친구한테 말해요.
"생일을 축하해!"

또
오빠는 누구한테 선물을
줬어요?

오빠는 선생님께도
선물을 드렸어요.
오빠는 선생님께도
선물을 드렸어요.

Grammar Notes

Past tense marker
"-았," "-었," or "-였"

When the "-아/어" conjugation follows a verb with a stem ending in 으, 으 is deleted.

a. "-았-": When the verb stem ends in the vowels, 아 or 오, you attach it to the stem "-았-"

Ex. 보다 → 보+았+어요 → 봤어요*
나는 어제 친구하고 영화를 봤어요.

* Note that a contraction occurs when two vowels come together: 아+아 → 아; 오+아 → 와; 우+어 → 워; 이+어 → 여; 으+어 → 어; 으+어 → 아; 이 +어 → 여; 에+어 → 애

b. "-었-": When the verb stem ends in all other vowels, you attach it to the stem "-었-"

Ex. 먹다 (to eat) → 먹+었+어요 → 먹었어요
나는 어제 친구하고 불고기를 먹었어요.

c. "-였-": When the verb stem ends in -하다 verb, you attach it to the stem "-였-". ("-했" is contracted form of "-하+였.")

Ex. 일하다 (to work) → 일하+였어요 → 일했어요
형이 어제 회사에서 일했어요.

드리다

"to whom" (honorific form of 주다-to give)
When we give something to an elder, we use the verb "드리다" instead of 주다.

Ex. 누나가 할머니께 선물을 드려요.
but 오빠가 나한테 선물을 줘요.

-께

"to whom" (honorific form of -한테)

Grammar Notes

-의

"of" attached to a noun "-의" indicates that the noun is the possessor. Note that this "-의" is pronounced [에] rather than [의].

> Ex. 나의 책 [na-e]

그래서

"so, because" The first sentence becomes the cause of or reason for the next sentence.

> Ex. 오늘은 친구의 생일이에요. 그래서 오빠가 선물을 줘요.
>
>   나는 지금 배가 고파요. 그래서 밥을 먹어요.

반말 (Intimate speech style)

This form is used when you are talking to a friend or to a younger person. You add the following endings to the verb stem-아/어. (in present tense) (more detail in appendix p. 160)

> A. **Subject of the sentence**
>
>   언니가 학교에 가.
>
>   동생이 밥을 먹어. (밥-food)
>
>   형이 영어를 공부해.
>
> B. **Question Sentence**
>
>   언니가 학교에 가? (응-yes) (in intimate style)
>
>   아니, 언니가 학교에 안 가.
>
>   동생이 밥을 먹어?
>
>   응, 동생이 밥 먹어.
>
>   아니, 동생이 밥 안 먹어.
>
>   형이 영어를 공부해?
>
>   응, 형이 영어를 공부해.
>
>   아니, 형이 영어를 공부 안 해.

Exercises

1. Answer the following questions with the words given below in parentheses.

ⓐ 오빠가 누구한테 선물을 줬어요? (friend)

오빠가 친구한테 선물을 줬어요.

ⓑ 오빠가 무엇을 줬어요? (birthday present)

오빠가 생일 선물을 줬어요.

ⓒ 그리고 오빠가 친구한테 어떻게 말했어요? (Happy birthday to you.)

오빠가 생일을 축하한다고 친구한테 말했어요.

ⓓ 또 오빠는 누구한테 선물을 줬어요? (teacher)

오빠는 선생님께 선물을 드렸어요.

2. Complete each word by filling in the missing letters.

ⓐ 친구 한 테 (to a friend)

ⓑ 선 물 (present)

ⓒ 드리 다 (to give-in honorific form)

ⓓ 무 엇 (what)

ⓔ 친 구 (friend)

ⓕ 어 제 (yesterday)

ⓖ 선 생 님 께 (to a teacher)

ⓗ 생 일 (birthday)

ⓘ 언 제 (when)

ⓙ 주 다 (to give)

ⓚ 연 필 (pencil)

ⓛ 음 식 (food)

111

Exercises

3. Translate the following sentences into Korean.

ⓐ My teacher gave me a birthday present.

내 선생님께서는 나한테 생일 선물을 줬어요.

ⓑ I give my sandwich to my friend. (sandwich-샌드위치)

나는 친구한테 샌드위치를 줘요

ⓒ My friend gives flowers to her teacher. (flower-꽃)

내 친구가 선생님께 꽃을 드려요

ⓓ Sujin gives her book to her mother. (Sujin-수진)

수진이 어머니께 책을 드려요

ⓔ I give a present to my teacher.

나는 선생님께 선물을 드려요

4. The following sentences are scrambled. Write them in the correct order.

ⓐ 줬어요, 생일, 나한테, 친구가, 선물을

친구가 나한테 생일 선물을 줬어요

ⓑ 차를, 형한테, 아버님께서, 주세요 (차-car)

아버지께서 형한테 차를 주세요

ⓒ 친구한테, 선물을, 언제, 생일, 줘

언제 친구한테 생일 선물을 줘?

ⓓ 드려요, 언니가, 꽃을, 할머니께

언니가 할머니께 꽃을 드려요.

ⓔ 드려요, 어머니께서, 선물을, 할머니께, 지금

지금 어머니께서 할머니께 선물을 드려요.

ⓕ 누나가, 드렸어요, 어제, 어머니께, 선물을

어제 누나가 어머니께 선물을 드렸어요.

5. Choose the verb that completes each sentence correctly, and write down the sentences.

Ex.
> 오빠가 친구한테 선물을 (줘요, 드려요).
> 오빠가 친구한테 선물을 줘요.

ⓐ 누나가 친구한테 선물을 (줘, 드려).

누나가 친구한테 선물을 줘.

ⓑ 어머니께서 나한테 책을 (줘요, 주세요).

어머니께서 나한테 책을 주세요.

ⓒ 형이 어머니께 언제 선물을 (줘요, 드려요)?

형이 어머니께서 언제 선물을 드려요?

ⓓ 부모님께서는 언제 언니한테 선물을 (주셔, 드려)?

부모님께서는 언제 언니한테 선물을 주셔?

6. Complete the sentences using 그래서.

Ex.
> 한국 음식을 먹었어요. 그래서 기분이 좋아요.

ⓐ 어제 친구를 만났어요. 그래서 우리는 커피를 마셨어요

ⓑ 어제가 내 생일이었어요. 그래서 내 부모님께서 나한테 선물을 주셨어요.

ⓒ 오늘은 한국어 숙제가 없어요. 그래서 친구하고 식당에서 많이 먹어요.

ⓓ 한국 음식이 먹고 싶었어요. 그래서 어머니께서 나한테 음식을 주세요.

ⓔ 돈이 있어요. 그래서 가게에서 많이 사요

113

Exercises

7. Fill in the crossword.

¹언	제					
		².생	일		³.선	생	님
⁴.우	유				물	
⁵.할	머	니		⁶.그	래	서
아			⁷.차			
버		⁸.아				⁹.주
지		¹⁰.오	빠		¹¹.드	리	다

가로
Horizontal
1. when
2. birthday
3. teacher
4. milk
5. grandmother
6. therefore
7. car, tea
10. elder brother
   (used by a girl)
11. to give
   (in honorific form)

세로
Vertical
3. present, gift
5. grandfather
8. father (in informal form)
9. to give

8. Write complete sentences with the words in parentheses.

ⓐ 주다 (오늘/친구/오빠/선물)

오늘 친구가 오빠한테 선물을 줘요

ⓑ 드리다 (누나/할머니/선물/어제)

<u>어제 누나가 할머니께 선물을 드렸어요</u>

ⓒ 주다 (어제/부모님/동생/생일/선물)

<u>어제 부모님께서는 동생한테 생일 선물을 주셨어요</u>

ⓓ 주다 (할머니/가게/돈) (가게-store)

<u>할머니께서는 가게에서 돈을 주셨어요.</u>

Exercises

ⓔ 드리다 (아버지/할머니/선물)

아버지께서는 할머니께 선물을 드렸어요

E. Cultural Note :
가야금

Gayageum (12-string zither)

The *gayageum* is a stringed instrument; a player plucks twelve strings on a long wooden sounding board with the fingers. On this sounding board, twelve silk strings of different thicknesses are uniformly tied in a row.

The word *gayageum* literally means "a stringed instrument from the country of *Gaya*." The *gayageum* has a delicate tone. Many efforts are being made to create new musical possibilities for the gayageum, such as playing transcribed western compositions or playing the gayageum together with western instruments.

Gayageum Performance

Gayageum

Chapter 12 타다 (to ride)

형이 버스를 타고 공항에 가요.

Vocabulary

버스 bus

타고 rides and / 타다(to ride)+-고(and)

공항 airport

왜 why

한국 Korea

가려고 in order to go / 가다(to go)+-(으)려고 (in order to)

오늘 today

비행기 airplane

형이
형이
버스를 타고 공항에
가요.
버스를 타고 공항에
가요.

형이
형이
왜 버스를 타고 공항에
가요?

형이
형이
우리 형이

한국에 가려고 오늘
비행기를 타요.
한국에 가려고 오늘
비행기를 타요.

-고

"and," "and then" **Conjunctive form.**

> Ex.   이것은 차고 저것은 비행기예요.
> (simple enumeration)
> This is a car and that is an airplane.
>
> 나는 밥을 먹고 텔레비전을 봐요.
> I eat and then watch television.
> (time enumeration)

왜

"why": Question word. 왜 usually comes at the beginning of a sentence, but it may come any place as long as it is before the verb.

> Ex.   왜 오늘 학교에 안 가요?
> Why don't you go to school today?
>
> 형이 왜 공항에 가요?

Vst+-(으)려고

"in order to" Conjunctive ending. It indicates a goal, intention, or purpose. The verb stem preceding -(으)려고 does not take tense markers. It matches with the action verb only.

a	When the verb stem ends in a vowel → "-려고 하다"
Ex.	나는 주스를 사려고 가게에 가요. 앨버트는 어제 친구를 만나려고 학교에 갔어요.
b.	When the verb stem ends in a consonant → "-으려고 하다"
Ex.	동생이 저녁을 먹으려고 친구하고 같이 식당에 가요. (noun+하고 같이-with noun) 언니가 책을 읽으려고 책방에서 책을 샀어요. (책방-bookstore)

Exercises

1. Answer the following questions.

ⓐ 형이 무엇을 타고 공항에 가요? (by bus)

형이 버스를 타고 공항에 가요

ⓑ 형이 왜 공항에 가요? (to fly in an airplane)

형이 비행기를 타려고 공항에 가요

ⓒ 형이 왜 비행기를 타요? (to go to Korea)

형이 비행기를 타려고 한국에 가요.

ⓓ 형이 언제 비행기를 타요? (today)

형이 오늘 비행기를 타요

2. Complete each word by filling in the missing letters.

ⓐ 비 행 기 (airplane)

ⓑ 버 스 (bus)

ⓒ 타 다 (to ride)

ⓓ 왜 (why)

ⓔ 사 려 고 (in order to buy)

ⓕ 언 제 (when)

ⓖ 공 항 (airport)

ⓗ 기 차 (train)

ⓘ 가 려 고 (in order to go)

ⓙ 주 다 (to give)

ⓚ 오 다 (to come)

ⓛ 오 시 다 (to come-honorific)

3. Translate the following sentences into Korean.

ⓐ My teacher flies in an airplane to go to America.

내 선생님께서는 미국에 가시려고 비행기를 타세요

ⓑ My mother rides a bus to come to my school.

내 어머니께서는 학교에 오시려고 버스를 타세요

ⓒ What does Sujin ride? (intimate)

수진이 뭐 타?

ⓓ I go to the airport to meet my younger sibling. (intimate)

나는 동생을 만나려고 공항에 가.

4. The following sentences are scrambled. Write them in the correct order.

ⓐ 친구가, 내일, 가요, 미국에, 타고, 비행기를

친구가 내일 비행기를 타고 미국에 가요

ⓑ 오빠가, 먹으려고, 밥을, 식당에, 가요

오빠가 밥을 먹으려고 식당에 가요.

ⓒ 오셔, 선생님께서, 차를, 학교에, 타고

선생님께서 차를 타고 학교에 오셔

ⓓ 할머니께서, 사시려고, 돈을, 사과를, 주세요

할머니께서 사과를 사시려고 돈을 주세요

ⓔ 한국에, 친구가, 가려고, 타요, 비행기를

친구가 한국에 가려고 비행기를 타요

5. Choose the verb that completes each sentence correctly, and write down the sentences.

Ex.
오빠가 학교에 가려고 차를 (타요, 타세요).
→ 오빠가 학교에 가려고 차를 타요.

ⓐ 어머니께서는 공항에서 비행기를 (타세요, 타요).

어머니께서는 공항에서 비행기를 타세요.

ⓑ 친구가 비행기를 (타고, 타요) 한국에 와요.

친구가 비행기를 타고 한국에 와요.

ⓒ 누나가 친구의 차를 (타, 타셔).

누나가 친구의 차를 타.

ⓓ 수진은 미국에 (가려고, 가고) 비행기를 타요.

수진은 미국에 가려고 비행기를 타요.

Exercises

6. Write each sentence using the correct form of the verb "타다." The word in parentheses tells which tense to use.

> **Ex.** 친구가 공항에서 비행기를 _____ . (present)
> 친구가 공항에서 비행기를 타요.

ⓐ 어머니께서는 공항에서 비행기를 <u>타셨어요</u> . (past)
어머니께서는 공항에서 비행기를 타셨어요

ⓑ 친구가 한국에 가려고 비행기를 <u>타요</u> ? (present)
친구가 한국에 가려고 비행기를 타요.

ⓒ 누나가 뉴욕에 가려고 친구의 차를 <u>타</u> . (intimate present)
누나가 뉴욕에 가려고 친구의 차를 타

ⓓ 부모님께서 한국에 가시려고 비행기를 <u>타셨어요</u> . (past)
부모님께서 한국에 가시려고 비행기를 타셨어요.

7. Combine the two sentences into one using -고.

> **Ex.** 나는 학교에 가요. 그리고 한국말을 공부해요.
> → 나는 학교에 가고 한국말을 공부해요.

ⓐ 나는 한국 사람이에요. 그리고 내 친구는 미국 사람이에요.
나는 한국 사람이고 내 친구는 미국 사람이에요

ⓑ 누나는 방에서 공부해요. 그리고 동생은 텔레비전을 봐요.
누나는 방에서 공부하고 동생은 텔레비전을 봐요

ⓒ 나는 밥을 먹었어요. 그리고 숙제를 했어요.
나는 밥을 먹고 숙제를 했어요.

ⓓ 친구를 만났어요. 그리고 커피를 마셨어요.
친구를 만나고 커피를 마셨어요.

ⓔ 이것은 내 것이에요. 그리고 저것은 형 것이에요.
(이것-this / 저것-that / 것-thing)
이것은 내 것이고 저것은 형 것이에요

8. Fill in the crossword.

1. 비	행	2. 기		3. 공	항		4. 자
		차					동
5. 어	디		6. 할	머	니		차
		7. 선					
		물			8. 시	장	
9. 살		10. 언	제				11. 드
12. 타	시	다					리
	다		13. 여	행	하	다	

가로
Horizontal
1. airplane
3. airport
5. where
6. grandmother
8. market
10. when
12. to ride (honorific)
13. to travel

세로
Vertical
2. train
4. car
7. present, gift
9. to live (honorific)
11. to give (honorific)

9. Write complete sentences with the words in parentheses.

ⓐ 타다 (수진/가다/비행기/한국/어머니하고)

수진이 어머니하고 한국에 가려고 비행기를 타요

ⓑ 타다 (형/기차/뉴욕/오늘/가다)

오늘 형이 뉴욕에 가려고 기차를 타요

ⓒ 타다 (아버지/가다/회사/차/매일)

매일 아버지께서는 회사에 가려고 차를 타요

ⓓ 타다 (어제/비행기/가다/공항/누나)

어제 누나는 비행기를 타려고 공항에 갔어요

123

Chapter 13 팔다 (to sell)

어디에서 과일을 팔아요?

팔다 to sell

어디에서 (at) where

과일 fruit

가게 store

안녕하세요? Hello, how are you?

뭐 what (shortened form of 무엇을)

드릴까요? shall I give to you? / 드리다(to give in honorific form)+-(으)ㄹ까요? (shall I/we …)

사과 apple

배 pear

개 counting unit for things

noun+-하고 noun and / 하고-and

주세요 please give me / 주다 (to give)+ -세요 (ending of command form)

얼마예요? How much is it? / 얼마-how much

돈 money

안녕히 가세요 goodbye

팔아요.

팔아요.

어디에서 과일을 팔아요?

과일가게에서 과일을 팔아요.

과일가게에서 과일을 팔아요.

"안녕하세요?"

"뭐 드릴까요?" — What can I get for you?

"사과 한 개하고 배 한 개
　주세요."

"얼마예요?"

"천 원이에요."

"여기 돈 있어요."

"감사합니다. 안녕히 가세요."

Grammar Notes

"ㄹ" irregular verb

팔다 (to sell)

When verbs with the final consonant **"ㄹ"** combine **with "ㄴ, ㅂ, ㅅ," the stem "ㄹ" is** dropped.

Ex. a. 파+-니 → 파니? among friends / younger person
("ㄹ"drops: combines with ㄴ)
(사과를) 어디에서 파니?

　　 b. 파+-ㅂ니다 → 팝니다 polite- most respect
("ㄹ" drops: combines with ㅂ)
사과를 어디에서 팝니까?

　　 c. 팔+-시+-어요 → 파세요
("ㄹ"drops: combines with "ㅅ")
사과를 어디에서 파세요?

But when verbs with the final consonant "ㄹ" combine with a vowel, the stem "ㄹ" does not drop.

Ex. 팔+아요 팔아요.
　　　↑　　↑
(vowel) ("ㄹ" does not drop:
combines with vowel "아")
어디에서 팔아요?
가게에서 팔아요.

Command form: "Vst+-(으)세요"

(in polite informal speech style)

"-세요" is used after verb stems ending in a vowel.

"-으세요" is used after verb stems ending in a consonant.

Ex. 학교에 가세요.
Please go to school.

사과를 주세요.
Please give me an apple.

책을 읽으세요.
Please read a book.

손을 씻으세요.
Please wash your hands.

Grammar Notes

Korean number:

There are two sets of numbers for counting, one of Korean origin and the other of Chinese origin. For counting units, you use the Korean-origin numbers.

> Ex. 개 (counting units for items or pieces)
> 사과 한 개, 두 개, 세 개, 네 개, 다섯 개, 여섯 개

Note the phonetic change of 하나 into 한, 둘 into 두, 셋 into 세, and 넷 into 네 when used with counting units.

-이다: "to be" This expresses only one part of the meaning of "to be" in English. It means "to be equal to" or "to be the equivalent of"; it does not mean "to exist."

> a. When the noun ends in a vowel, you conjugate noun+-예요
> Ex. 친구+이다 (to be a friend)
> → 친구+-예요 → 친구예요.
> 누가 친구예요? Who is (your) friend?
> 생일이 언제예요? When is (your) birthday?
> b. When the noun ends in a consonant, you conjugate → noun+-이에요
> Ex. 생일+-이다 → 생일+-이에요 → 생일이에요.
> 오늘이 내 생일이에요. Today is my birthday.

있다: "to exist, to have"

> Ex. 학교에 학생이 많이 있어요.
> 나는 가방에 책이 많이 있어요.
> 나는 친구가 많이 있어요.

Vst+-(으)ㄹ까요?: "Shall we/I···"

> Ex. 지금 공항에 갈까요? Shall we go to the airport now?
> 네, 지금 공항에 가요. Yes, let's go to the airport now.
>
> 집에서 저녁을 먹을까요? Shall we eat dinner at home?
> 네, 집에서 저녁을 먹어요. Yes, let's eat dinner at home.

Exercises

1. Answer the following questions.

ⓐ 가게에서 무엇을 팔아요?

가게에서 사과를 팔아요.

ⓑ 가게에서 무엇을 사요?

가게에서 배를 사요

ⓒ 사과 한 개하고 배 한 개 얼마예요?

이천 원이에요.

ⓓ 돈이 있었어요?

내, 돈이 있었어요.

2. Complete each word by filling in the missing letters.

ⓐ 팔 다 (to sell)

ⓑ 사 과 (apple)

ⓒ 드 리 다 (to give-honorific)

ⓓ 개 (unit for counting pieces or items)

ⓔ 얼 마 예요 (how much?)

ⓕ 원 (won-Korean currency)

ⓖ 과 일 (fruit)

ⓗ 안 녕 하 세 요 (hello)

ⓘ 까 요 (shall we…?)

ⓙ 배 (pear)

ⓚ 돈 (money)

ⓛ 주 세요 (please give me)

Exercises

3. Translate the following sentences into Korean.

ⓐ My mother sells apples in her store.

내 어머니께서는 가게에서 사과를 파세요.

ⓑ Shall we buy apples and pears?

사과 하고 배를 사까요 ?

ⓒ Who is Sujin's mother?

누가 수진의 어머니이에요?

ⓓ What does Albert sell? (intimate)

앨버트는 뭐 파니?

ⓔ When is your friend's birthday?

친구의 생일이 언제예요?

4. Fill in the blanks with the correct answers.

ⓐ 나는 사과를 (세) 개 가게에서 사요. (three apples)

ⓑ 언니가 친구를 오늘 (네) 시에 만나요. (four o'clock)

ⓒ 교실에 학생이 (열두) 명 있어요. (twelve students)

ⓓ 내 친구는 (스무) 살이에요. (twenty years old)

ⓔ 나는 오늘 수업이 (다섯) 시에 있어요. (수업- class) (five o'clock)

ⓕ 아기가 (두) 살이에요. (two years old)

ⓖ 도서관에 학생이 (한) 명 있어요. (one person)

5. Make sentences using the command form "-(으)세요."

Ex.
> 주다 → 주세요

ⓐ 가르치다 → 가르치세요

ⓑ 도와주다 → 도와주세요

ⓒ 듣다 → 들으세요

ⓓ 물어보다 → 물어보세요

ⓔ 살다 → 사세요

ⓕ 쓰다 → 쓰세요

ⓖ 씻다 → 씻으세요

ⓗ 알다 → 아세요

ⓘ 타다 → 타세요

6. Make sentences with the given words using "-(으)ㄹ까요?" and answer questions with "yes (네)."

Ex.
> 한국말, 가르치다 → 한국말을 가르칠까요?
> 네, 한국말을 가르쳐요.

ⓐ 동생, 선물, 주다 →
동생한테 선물을 줄까요?
네, 동생한테 선물을 줘요.

Exercises

ⓑ 비행기, 오늘, 타다 →

비행기를 오늘 탈까요?

네, 비행기를 오늘 타요.

ⓒ 손, 비누, 지금, 씻다 →

손을 비누로 지금 씻을까요?

네, 손을 비누로 씻어요.

ⓓ 부모님, 편지, 쓰다 →

부모님께 편지를 쓸까요?

네, 부모님께 편지를 써요.

ⓔ 선생님, 답, 물어보다 →

선생님께 답을 여쭤볼까요?

네, 선생님께 답을 여쭤 봐요.

ⓕ 음악, 집, 언니, 하고, 듣다 →

언니하고 집에서 음악을 들을까요?

네, 언니하고 집에서 음악을 들어요.

7. Complete each sentence. Use the correct form of the verb "팔다" The word in parentheses tells which tense to use.

Ex. 누나가 가게에서 신문을 _____? (present)
     누나가 가게에서 신문을 <u>팔아요</u>.

ⓐ 누가 가게에서 신문을 ___팔___? (intimate present)

Ch.13 팔다 (to sell)

ⓑ 아저씨께서 과일가게에서 사과하고 배를 <u>파세요</u> . (present)

ⓒ 누나가 가게에서 과일을 <u>팔았어</u> ? (intimate past)

ⓓ 어머니께서 과일가게에서 사과를 <u>파셨어요</u>. (past)

ⓔ 형이 책방에서 책을 <u>팔았어요</u> . (past)

ⓕ 아저씨, 많이 <u>파세요</u> . (present in imperative form)

8. Fill in the crossword.

	1.주		3.과	일	4.가	게	
2.파	시	다			게		5.도
	다		6.얼	마			서
		7.배					관
			8.사	과			
9.비	행	10.기				11.아	기
누		차		12.교	실		
					13.수	업	

가로
Horizontal
2. to sell (honorific)
3. fruit store
6. how much
7. pear
8. apple
9. airplane
11. baby
12. classroom
13. class

세로
Vertical
1. to give (honorific)
4. store
5. library
9. soap
10. train station

131

Exercises

9. Write complete sentences with the words in parentheses

ⓐ 팔다 (친구/책방/책)

친구가 책방에서 책을 팔아요

ⓑ 팔다 (아저씨/공항/비행기/표) (표- ticket)

아저씨께서는 공항에서 비행기 표를 파세요

ⓒ 팔다 (어제/누나/꽃/꽃가게)

어제 누나가 꽃가게에서 꽃을 팔았어요.

ⓓ 팔다 (아버지/차/회사/어제)

어제 아버지께서는 회사 차를 팔았어요.

ⓔ 팔다 (아저씨/이/책/싸게) (싸게- cheaply) (in imperative form)

아저씨께서는 이 책을 싸게 파세요.

F. Cultural Note :
원 (the Korean currency)

In Korea there are two types of currency: paper money and coins. On the paper money, the famous scholars King Sejong and two Neo-Confucian scholars are shown.

a. 만 원 (10,000 won) : Portrait of the Great King Sejong (1394-1950)

b. 오천 원 (5,000 won) : Portrait of Yi, Yul-gok (1536-1584)

A great Neo-Confucian scholar

c. 천 원 (1,000 won) : Portrait of Yi, Hwang (1501-1570)

A great Neo-Confucian scholar

d. Coins (동전) : 1원, 5원, 10원, 50원, 100원, 500원

[il won] , [oh won] , [sip won] , [osip won] , [bak won] , [obak won]

나는 책이 필요해요.

Vocabulary

필요하다 (to need)

무슨 what kind of, which

왜 why (question word)

수업 class

있다 to have, there is

그래서 therefore, so

필요해요.
필요해요.
무엇이 필요해요?
나는 책이 필요해요.

무슨 책이 필요해요?
무슨 책이 필요해요?
한국어 책이 필요해요.

왜 한국어 책이 필요해요?
내일 한국어 수업이 있어요.

그래서 나는 한국어 책이
필요해요.
그래서 나는 한국어 책이
필요해요.

필요하다

"to need, be necessary"
To make a sentence with "필요하다"
→ Subject 은/는+subject 이/가+필요하다

Ex. 무엇이 필요해요?
What do you need?

나는 차가 필요해요.
I need a car.

친구는 무엇이 필요해요?
What does your friend need?

친구는 돈이 필요해요.
My friend needs money.

무슨

"what kind of," "which" Question
word. This is followed by a noun.

Ex.: 무슨 책이 필요해요?
What kind of book do you need?

한국어 책이 필요해요.
I need a Korean book.

무슨 공부를 해요?
What do you study?

경제학을 공부해요.
(경제학-economics)

그래서

"because," "so"
The first sentence becomes the cause
of or reason for the next sentence.

Ex. 나는 내일 한국어 수업이 있어요. 그
래서 나는 한국어 책이 필요해요.
May be replaced with the conjunctive
ending "-아/어/여서."

Ex. 나는 내일 한국어 수업이 있어서 한국
어 책이 필요해요.

필요하다 -빌리다 (to borrow)

나는 돈이 필요해요. 그래서 나는 친
구한테서 돈을 빌렸어요.

필요하다 -빌리다 (to borrow)

나는 돈이 필요해서 친구한테서 돈을
빌렸어요.

Exercises

1. Answer the questions with the words given in parentheses.

ⓐ 무엇이 필요해요? (a book)

책이 필요해요.

ⓑ 무슨 책이 필요해요? (Korean book) ("what kind of," "which")

한국어 책이 필요해요.

ⓒ 왜 필요해요? (to have a class)

수업이 있어요.

ⓓ 한국어 책 있어요? (아니오/없다)

아니오, 한국어 책이 없어요.

ⓔ 언제 필요해요? (내일)

내일 필요해요.

2. Complete each word by filling in the missing letters.

ⓐ 필 요하다 (to need)

ⓑ 빌 리 다 (to borrow)

ⓒ 있 다 (to have)

ⓓ 약 속 (promise)

ⓔ 없 다 (not to have)

ⓕ 언 제 나 (always)

ⓖ 친구 <u>한</u> <u>테</u> <u>서</u> (from)

ⓗ <u>언</u> 제 (when)

ⓘ 누 <u>가</u> (who)

ⓙ <u>누</u> 구 <u>하</u> 테 (to whom)

3. Fill in the blanks with the correct words.

Ex.
-이/가, 왜, 누구하고, 무엇

ⓐ 나는 책(이) 필요해요.

ⓑ 동생은 책과 공책(이) 필요해요.

ⓒ (무엇이) 필요해요? (what)

ⓓ (누구하고) 말해요? (with whom)

ⓔ (왜) 친구가 필요해요? (why)

ⓕ 내일 한국어 수업(이) 있어요.

Exercises

4. The following sentences are scrambled. Write them in the correct order.

ⓐ 필요해요, 책이, 나는, 내일

내일 나는 책이 필요해요

ⓑ 돈이, 필요해요, 나는, 지금 (돈 money)

지금 나는 돈이 필요해요.

ⓒ 필요해요, 무엇이, 동생은, 학교에서

학교에서 동생은 무엇이 필요해요?

ⓓ 무엇이, 어머니께서, 필요하세요, 지금

지금 어머니께서 무엇이 필요하세요?

5. Using "Vst+-아서/어서" combine the following two sentences into one.

> **Ex.** 책이 없어요. 그래서 나는 친구한테서 빌려요. (없다-not to have)
> → 나는 책이 <u>없어서</u> 친구한테서 빌려요. (빌리다-to borrow)

ⓐ 나는 공책도 없어요. 그래서 친구한테서 빌려요. (공책- notebook)

나는 공책도 없어서 친구한테서 빌려요.

ⓑ 동생은 돈이 없어요. 그래서 언니한테서 빌려요.

동생은 돈이 없어서 언니한테서 빌려요.

ⓒ 형은 지금 시간이 있어요. 그래서 친구를 만나요.

형은 지금 시간이 있어서 친구를 만나요.

ⓓ 친구는 배가 고파요. 그래서 밥을 먹어요.(밥-food)

친구는 배가 고파서 밥을 먹어요.

ⓔ 나는 한국어 책이 필요해요. 그래서 한국어 책을 사요.

나는 한국어 책이 필요해서 한국어 책을 사요.

ⓕ 나는 한국을 좋아해요. 그래서 한국학을 공부해요.
(한국학-Korean Studies)

나는 한국을 좋아해서 한국학을 공부해요.

6. Fill in the crossword.

	1.어 ㅄ					
2.이 ㅆ	다		3.친	구	한	테	서
					4.신	
	5.언		7.공	책		문	
6.언	제	나				9.빌
			10. 연			리
11.돈		12.차	13.필	요	하	다

가로
Horizontal
2. to have
3. from a friend
6. always
7. notebook
11. money
12. car, tea
13. to need

세로
Vertical
1. not to have
4. newspaper
5. when
8. letter
9. to borrow
10. pencil

139

Exercises

7. Write complete sentences with the words in parentheses.

ⓐ 필요하다 (나/돈/친구/빌리다) (돈-money)

나는 돈이 필요해서 친구한테서 빌려요

ⓑ 필요하다 (동생/책/친구/빌리다)

동생은 책이 필요해서 친구한테서 빌려요

ⓒ 필요하다 (어제/어머니/책/그래서/빌리다)

어제 어머니께서 책이 필요하셨어요. 그래서 빌리셨어요.

G. Cultural Note :

제주도 (Jeju island)

This is the largest of the thousands of islands that dot Korea's coastline. This island is located in a semi-tropical belt where crops flourish nearly year round. In the past it served as the place of exile for disgraced officials.

When Koreans think of Jejudo, they think of three things: wind, rocks, and women. It is so windy on the island that rocks are incorporated into the local architecture to weigh structures down.

The second most famous image may be the peculiar *dolharubang* Stone Grandfather, sculptures of lava and basalt rock. They look like short totem poles with stylized features, bulging eyes, elongated noses and ears, and serve to protect villages.

Another distinct aspect of Jeju is the matriarchal family structures. The best-known example of this is found among the haenyeo ("sea women"), who are often the heads of families. They earn their living from free diving, often all year round, without scuba gear in order to harvest abalones, conchs, and a myriad of other marine products. Not only do Jejudo's architecture, climate and family hierarchy differ from the mainland's, but its dialect and diet do, too. Because of the warmer climate, kimchi is not a part of the Jejudo diet.

Jeju Island

Thatched house

Dolharubang

형이 회사에서 일해요.

Vocabulary

하다 to do

형 elder brother (used by a boy)

회사(에서) (at the) company

일하다 to work / 일(work)+하다(to do)

아침(부터) (from) morning

저녁(까지) (to) evening

우리 our

부지런하다 to be diligent

–이다 to be

형이 어디에서 일해요?
형이 회사에서 일해요.

아침부터 저녁까지
아침부터 저녁까지

형이 회사에서 일해요.
형이 회사에서 일해요.

형은
형은
우리 형은 부지런한
형이에요.

나는
나는
우리 형을 아주 좋아해요.

Grammar Notes

하다

"to do"

> Ex.　일 (work, job)+하다 → 일하다 (to work)
> 전화 (telephone)+하다 → 전화하다 (to call)

Verbal modifiers

There are no relative pronouns in Korean; they are replaced by verbal modifiers.

a. Action Verb → Vst+-는
   Action verbs have -는 and -ㄴ/은 verbal modifier forms.
   -는 forms indicate present tense or continuous actions without specific reference to time.

Ex.　공부하다 → 공부하는 (present tense)
　· 한국말을 공부하는 친구 *friend who is studying Korean*
　먹다 → 먹는
　· 밥을 먹는 아기 (a baby who is eating food)

Ex.　공부하다 → 공부한 (past tense)
　· 한국말을 공부한 친구 (a friend who studied Korean)　-ㄴ -은
　먹다 → 먹은
　· 밥을 먹은 아기 (a baby who ate food)

b. Descriptive verb → Vst+-(으)ㄴ
   The descriptive-verb modifiers, like English adjectives, always precede nouns. The present- and past-tense forms are the same.

　a. When the verb stem ends in a vowel, you attach to the stem → "ㄴ"
　　Ex.　부지런하+ㄴ → 부지런한 · 부지런한 형
　　　　　　　　　　(my diligent elder brother)
　　　　착하다 (to be good-hearted)
　　　　착하+ㄴ → 착한 누나 (good-hearted elder sister)

　b. When the verb stem ends in a consonant, you attach to the stem → "은"
　　Ex.　좋+은 → 좋은 · 좋은 학교

이다

"to be" This expresses only one part of the meaning of "be" in English. It means "to be equal to" or "to be the equivalent of"; it does not mean "to exist."

143

Grammar Notes

Ex. a. When the noun ends in a vowel, you conjugate → Noun+예요

Ex. 친구+-이다 → 친구예요.

누가 친구예요? Who is (your) friend?

수진이 내 친구예요. Sujin is my friend.

생일이 언제예요? When is your birthday?

b. When the noun ends in a consonant, you conjugate → Noun+ -이에요

Ex. 책+-이다 → 책이에요.

누가 학생이에요? Who is a student?

이것은 책이에요. (이것-this) This is a book.

저것은 무엇이에요? (저것-that) What is that?

-in honorific form: 이시다 (시-honorific marker)

Ex. 이 분이 의사세요. (의사-doctor)

저 분이 선생님이세요.

Vst+-이/가 "아니다" / "아니시다"
"not to be"

Ex. 이것은 우유가 아니에요. (이-this)

저것은 책이 아니에요.   (저-that)

이 분은 제 어머니가 아니세요. (분-person)

저 분은 선생님이 아니세요.

~부터 ~ 까지 (for time)
"from ~ to ~"

Ex. 아침부터 저녁까지 (from morning to evening)

아홉 시부터 열두 시까지 (from 9 to 12 o'clock)

-에서~까지 (for place)
"from ~ to ~"

Ex. 여기서 학교까지 (from here to school)

집에서 뉴욕까지 (from home to New York)

Exercises

1. Answer the following questions.

ⓐ 형이 어디에서 일해요?

형이 도서관에서 일해요.

ⓑ 형이 열심히 일해요?

네, 형이 열심히 일해요.

ⓒ 형이 부지런해요?

형이 부지런해요.

ⓓ 형은 언제부터 언제까지 일해요?

형은 아침부터 밤까지 일해요.

2. Complete each word by filling in the missing letters.

ⓐ 회 사 에서 (at the company)

ⓑ 일 하 다 (to work)

ⓒ 전 화 하다 (to call)

ⓓ 부지 런 하 다 (to be diligent)

ⓔ 일하 시 다 (in honorific form of 일하다)

ⓕ 열 심 히 (hard)

ⓖ 좋 아하 다 (to like)

ⓗ 우 유 (milk)

ⓘ 쓰 다 (to write)

ⓙ 아 기 (baby)

3. The following sentences are scrambled. Write them in the correct order.

ⓐ 일해요, 열심히, 오늘도, 형은, 회사에서

오늘도 형은 회사에서 열심히 일해요.

ⓑ 일하세요? 수진의, 어디에서, 아버지께서는,

수진의 아버지께서는 어디에서 일하세요?

ⓒ 형은, 형이에요, 부지런한, 우리

부지런한 형은 우리 형이에요.

145

Exercises

ⓓ 형을, 아주, 좋아해요, 우리, 나는

나는 우리 형을 아주 좋아해요

4. The following sentences are written in the improper form. Please rewrite them in the proper form.

ⓐ 형은 회사에서 무엇을 하세요?

형은 회사에서 무엇을 해요?

ⓑ 우리 형은 오늘 회사에서 일하셨어요.

우리 형은 오늘 회사에서 일했어요.

ⓒ 나는 오늘도 집에 안 있었어요.

나는 오늘도 집에 없었어요.

ⓓ 어머니께서 내일 집에서 일했어요.

어머니께서 내일 집에서 일하시겠어요.

ⓔ 우리 형은 부지런하는 형이에요.

우리 형은 부지런한 형이에요.

ⓕ 나도 형처럼 열심히 일하시겠어요.

나도 형처럼 열심히 일하겠어요.

ⓖ 형은 언제나 열심히 일한 형이에요.

형은 언제나 열심히 일하는 형이에요.

ⓗ 우리 언니는 언제나 열심히 공부한 언니예요.

우리 언니는 언제나 열심히

5. Choose the correct words and circle them.

ⓐ 누나는 (똑똑한/똑똑하는) 누나예요.

ⓑ 형은 (부지런한/부지런하는) 형이에요.

ⓒ 지금 책방에서 책을 (읽는/읽은) 학생은 제 동생이 아니에요.

ⓓ 할아버지께서는 의사가 (아니세요/아니에요.)

ⓔ 우리 어머님께서는 선생님(이셨어요/이였어요.)

ⓕ 나는 학생(이었어요/였어요).

ⓖ 우리 선생님께서는 한국사람(이세요/이에요).

ⓗ 내 친구는 불고기를 (좋아하는/좋은) 친구예요.

ⓘ 회사에서 (일하시는/일하는) 분이 제 아버지(이세요/세요.)

6. Make sentences with the given words using the form "Let's …"

> **Ex.** 마시다, 주스, 커피숍 → 커피숍에서 주스를 마십시다.

ⓐ 공부하다, 한국말, 매일, 집

매일 집에서 한국말을 공부합시다.

ⓑ 저녁, 식당, 먹다, 한국음식 (저녁- dinner / 식당- restaurant)

저녁에 식당에서 한국음식을 먹읍시다

ⓒ 만나다, 학교, 세 시에, 내일

내일 세 시에 학교에서 만납시다

ⓓ 책, 도서관, 매일, 읽다 (도서관-library)

매일 도서관에서 책을 읽읍시다

ⓔ 사다, 책, 책방, 내일 (사다-to buy)

내일 책방에서 책을 삽시다.

Exercises

ⓕ 도와드리다, 할머니, 집

집에서 할머니를 도와 드립시다

ⓖ 동생, 숙제, 도와주다

동생한테/동생의 숙제를 도와줍시다.

ⓗ 친구, 집, 텔레비전, 보다 (-하고-with)

친구하고 집에서 텔레비전을 봅시다

7. Fill in the blanks with the correct form of the words in parentheses.

ⓐ (착한) 아기 (a good baby - 착하다)

ⓑ (예쁜) 언니 (a pretty sister - 예쁘다)

ⓒ (부지런한) 형 (a diligent elder brother)

ⓓ 공부하는) 동생 (a younger sibling who is studying)

ⓔ 학교에 (가는) 동생 (a younger sibling who is going to school)

ⓕ 책을 (읽으시는) 어머니 (a mother who is reading a book)

ⓖ 신문을 (보는) 분 (신문 newspaper / 분 person)

ⓗ (예쁜) 옷을 입으신 분 (a person wearing pretty clothes)

8. Fill in the crossword.

	1.예			2.집		3.일
	뻐	4.공				하
	다	5.부	지	런	하	다
		하				
6.전	화	하	다	7.회		8.좋
				9.의	사	아
		10.신				하
		문		11.착	하	다

가로
Horizontal

2. house
5. to be diligent
6. to call
9. doctor
11. to be good-hearted

세로
Vertical

1. to be pretty
3. to work
4. to study
7. company
8. to like
10. newspaper

9. Write complete sentences with the words in parentheses.

ⓐ 일하다 (형/ 매일/회사/열심히)

매일 형이 회사에서 열심히 일해요.

ⓑ 일하다 (어머니/매일/집/부지런히-diligently)

매일 어머니께서는 집에서 부지런히 일하세요.

Review Exercises 11 - 15

1. Fill in the blanks with the correct words (including the particles).

ⓐ 오늘은 (좋은) 날씨예요. (좋다-to be good)

ⓑ 우리 형이 할머니(께) 선물을 (드려요). (to give)

ⓒ 나는 연필(이) 필요해요.

ⓓ 앨버트는 공책(과) 연필이 필요해요.

ⓔ 우리 형은 (부지런한) 형이에요. (to be diligent)

ⓕ 오빠가 공항(에서) 비행기를 타요.

ⓖ 오빠는 (아침부터) 일해요. (from the morning)

ⓗ 언니가 친구(한테) 선물을 (줘요). (to give)

2. Complete each word by filling in the missing letters.

ⓐ 숙 제 (homework)

ⓑ 타 다 (to ride)

ⓒ 오 늘 (today)

ⓓ 약 속 (promise)

ⓔ 혼 자 (alone)

ⓕ 주 다 (to give)

ⓖ 드 리 다 (to give-in honorific form)

ⓗ 생 일 (birthday)

ⓘ 팔 다 (to sell)

ⓙ 언 제 나 (always)

ㅂ　　응 -ng

ⓚ 가방 (bag)　　　　ⓝ 열심히 (hard)

ⓛ 신문 (newspaper)　　ⓞ 회사 (company)

ⓜ 의사 (doctor)　　　ⓟ 선물 (present)

3. Insert spaces between words where appropriate.

ⓐ 선물/필요하다/떡/회사/착하다/고프다/팔다

ⓑ 일하다/주다/빌리다/동생/형부/지런하다/신문

ⓒ 언제나/돈/일하시다/드리다/기쁘다/주시다/파시다

4. Answer the questions with the words given below in parentheses.

ⓐ 어떻게 학교에 가요? (by car)
　차로 학교에 가요.

ⓑ 누구한테 선물을 줘요? (friend)
　친구한테 선물을 줘요.

ⓒ 또 누구한테 선물을 줘요? (teacher)
　선생님께 선물을 드려요.

ⓓ 무엇이 필요해? (book and notebook, intimate)
　책하고 공책이 필요해.

ⓔ 왜 기분이 좋아요? (to meet a friend) (기분- mood)
　친구를 만나서 기분이 좋아요.

ⓕ 친구가 공항에서 무엇을 타? (airplane, intimate)
　친구가 공항에서 비행기를 타.

151

ⓖ 누가 책과 공책을 팔아? (Albert, intimate)

앨버트는 책과 공책을 팔아.

5. The following sentences are scrambled. Write them in the correct order.

ⓐ 우리 형이, 드려요, 어머님께, 선물을

우리 형이 어머님께 선물을 드려요.

ⓑ 누나가, 줘요, 선물을, 동생한테

누나가 동생한테 선물을 줘요.

ⓒ 연필도, 나는, 책과, 필요해요

나는 책과 연필도 필요해요.

ⓓ 일해요, 회사에서, 매일, 형이, 열심히

매일 형이 회사에서 열심히 일해요.

ⓔ 과일을, 아저씨께, 오늘도, 파세요

오늘도 아저씨께 과일을 파세요.

ⓕ 우리, 의사, 형은, 예요

우리 형이 의사예요.

ⓖ 기뻐요, 만나서, 친구를, 나는

친구를 만나서 나는 기뻐요.

6. Choose the correct words and circle them.

ⓐ 동생이 오늘도 자동차를 (타요/타세요).

ⓑ 형이 친구한테 선물을 (드렸어요/줬어요).

ⓒ 나는 연필(이/를) 필요해요.

ⓓ 형이 회사(에서/에) 열심히 일해요.

ⓔ 동생은 학생(이에요/예요).

ⓕ 우리 아기는 착(한/하는) 아기예요.

ⓖ 오늘은 좋(은/는) 날씨예요.

ⓗ 지금 학교에서 공부(하는/한) 학생이 내 누나예요.

ⓘ 아저씨께서 책방에서 책을 (팔아요/파세요).

ⓙ 이 책은 얼마(이에요/예요)?

ⓚ 아저씨, 많이 (팔으세요/파세요).

7. Fill in the crossword.

		1.일				2.필
		하				요
3.빌	리	다				하
			4.잃	어	버 리	다
5.선		6.의				
물		자		7.생	일	
						8.주
9.약	속		10.부	지	런 하	다

가로
Horizontal

3. to borrow
4. to forget
7. birthday
9. promise
10. to be diligent

세로
Vertical

1. to work
2. to need
5. gift, present
6. chair
8. to give

8. Write complete sentences with the words in parentheses

ⓐ 타다 (누나/오늘/공항/비행기)

오늘 누나는 공항에서 비행기를 타요.

ⓑ 필요하다 (어제/동생/돈/친구/빌려요)

어제 돈이 필요한 동생은 친구에서 빌렸어요.

ⓒ 필요하다 (오늘/친구/책/나/빌려주다)

오늘 나는 책이 필요해서 친구에서 빌려줬어요.

ⓓ 드리다 (언니/할머니/생일 선물)

언니가 할머니께 생일 선물을 드려요.

ⓔ 주시다 (부모님/동생/선물)

부모님께서 동생한테 선물을 주세요.

ⓕ 팔다 (수진/가게/사과/배/오늘)

오늘 수진이 가게에서 사과과 배를 팔아요.

ⓖ 일하다 (형/매일/회사)

매일 형이 회사에서 일해요.

ⓗ 일하시다 (아버지/은행-bank/매일)

Appendix

A. Days of the week

B. Years

C. Korean Grammar

1. Korean numbers
2. Noun modifiers
3. Polite formal and intimate speech form
4. Negative sentences
5. How to form an honorific sentence

D. Flash card diagrams

E. Answer keys

A. Days of the week:

일요일 (Sunday)

월요일 (Monday)

화요일 (Tuesday)

수요일 (Wednesday)

목요일 (Thursday)

금요일 (Friday)

토요일 (Saturday)

B. Months of the Year:

일월 (January)

이월 (February)

삼월 (March)

사월 (April)

오월 (May)

유월 (June)*

칠월 (July)

팔월 (August)

구월 (September)

시월 (October)*

십일월 (November)

십이월 (December)

＊Note the change of 육월 into → 유월, and 십월 into → 시월

C. Korean Grammar:

1. Korean numbers:

Here are two sets of numbers for counting, one of Korean origin and the other of Chinese origin (Sino-Korean numbers).

For example, years (년), months (월), and dates (일) are expressed in Sino-Korean numbers. And for the following units, like 명 (person), 개 (piece), and 시 (time), the Korean numbers are used.

Sino-Korean numbers:		Korean Origin numbers:	
1 일		1 하나	20 스물
2 이	20 이십	2 둘	30 서른
3 삼	30 삼십	3 셋	40 마흔
4 사	40 사십	4 넷	50 쉰
5 오	50 오십	5 다섯	60 예순
6 육	60 육십	6 여섯	70 일흔
7 칠	70 칠십	7 일곱	80 여든
8 팔	80 팔십	8 여덟	90 아흔
9 구	90 구십	9 아홉	99 아흔아홉
10 십		10 열	100 백
11 십일		11 열하나	1,000 천
12 십이		12 열둘	
13 십삼		13 열셋	
.		14 열넷	
.		.	
99 구십구		.	
100 백		20 스물	
1,000 천			
10,000 만			

*Note the change of 하나 into → 한, 둘 into → 두, 셋 into → 세, 넷 into → 네, and 스물 into → 스무.

Ex.) Classifiers (counting ...) for persons, pieces, time, and bottles:

a. for persons: "명" or "사람"
학생 한 명 (one student)
학생 두 명
학생 세 명
학생 네 명
학생 다섯 명

b. for pieces: "개"
사과 한 개 (one apple)
사과 두 개
사과 세 개
사과 네 개
사과 다섯 개

c. for time: "시"   d. for bottles: "병"
    한 시 (one o'lock)   콜라 한 병
    두 시   콜라 두 병
    세 시   콜라 세 병
    네 시   콜라 네 병
    다섯 시   콜라 다섯 병

2. Noun modifiers: "–(으)ㄴ" and "–는"

There are no relative pronouns in Korean. The work of English relative clauses is done by verbal modifiers. The descriptive verbal modifiers, like English adjectives, always precede nouns.

(a) Action Verb → Vst+-는 (present tense)
You attach to the Verb Stem → "–는"

Ex.)   가다 → 학교에 가는 학생 (a student who goes to school)
           먹다 → 밥을 먹는 아기 (a baby who eats food)

(b) Action Verb → Vst+-(ㄴ)은 (past tense)

＊**When the stem ends in a vowel, you attach to the stem → "ㄴ"**

Ex.)   학교에 간 동생 (my younger sibling who went to school)
           한국어를 공부한 친구 (my friend who studied Korean)

＊**When the stem ends in a consonant, you attach to the stem → "은"**

Ex.)   밥을 먹은 아기 (a baby who ate food)
           의자에 앉은 학생 (a student who sat down on a chair)

(c) Descriptive Verb: "–(으)ㄴ"

＊**When the descriptive verb stem ends in a vowel, you attach to the stem → "ㄴ"**

Ex.)   착하다 (to be good–hearted) 착하+–ㄴ → 착한 (아기)

＊**When the descriptive verb stem ends in a consonant, you attach to the stem "–은"**

Ex.)   좋다 (to be good) → 좋은 (학생–student)

3. Polite-formal and intimate speech form:

a. Polite-formal speech form:

The polite-formal style is used to show respect to superiors or strangers. This style tends to be used on very formal occasions, as in a speech or a business situation, more frequently than the polite-informal style.

The polite-formal style is formed by adding the following suffixes to the verb.

    (a) Declarative: Vst+-ㅂ니다/ 습니다.

    (b) Interrogative: Vst+-ㅂ니까?/ 습니까?

    (c) Imperative: Vst+-십시오 / 으십시오

    (d) Propositive : Vst+-ㅂ시다 / 읍시다

(a) Declarative Sentence:

–When the verb stem ends in a vowel → Vst+-ㅂ니다

Ex.)   우유를 마십니다.
한국말을 공부합니다.

–When the verb stem ends in a consonant → Vst+-습니다

Ex.)   밥을 먹습니다.
의자에 앉습니다.

(b) Interrogative Sentence:

–When the verb stem ends in a vowel → Vst+-ㅂ니까?

Ex.)   우유를 마십니까?
한국말을 공부합니까?

–When the verb stem ends in a consonant → Vst+-습니까?

Ex.)   밥을 먹습니까?
의자에 앉습니까?

(c) Imperative Sentence:

–When the verb stem ends in a vowel → Vst+-ㅂ시오

Ex.)   우유를 마십시오.
한국말을 공부하십시오.

–When the verb stem ends in a consonant → Vst+으십시오

Ex.)   책을 읽으십시오.
의자에 앉으십시오.

(d) Propositive Sentence ("Let's ..."):

–When the verb stem ends in a vowel → Vst+-ㅂ시다

> **Ex.)** 학교에 갑시다.
> 한국말을 공부합시다.

–When the verb stem ends in a consonant → Vst+-읍시다

> **Ex.)** 책을 읽읍시다.
> 의자에 앉읍시다

b. Intimate speech form:

This form is used when you are talking to a friend or to a person younger than you.

(a) Declarative sentence:

You add the following endings to the verb stem: -아/어 (in the present tense), -았어/었어 (in the past tense)

> 언니가 학교에 가. / 언니가 학교에 갔어.
> 동생이 밥을 먹어. / 동생이 밥을 먹었어.
> 형이 영어를 공부해. / 형이 영어를 공부했어.

When a noun ends in a vowel, you attach to the noun → 야 and when a noun ends in a consonant → you attach "이야" to the noun.

> 언니는 의사야. (의사-doctor)
> 형은 선생님이야.

(b) Interrogative sentence:

You add the following endings to the verb stem: -아/어?, -니?

> -아/어?
> 언니가 학교에 가? / 언니가 학교에 갔어?
> 동생이 밥을 먹어? / 동생이 밥을 먹었어?
> 형이 영어를 공부해? / 형이 영어를 공부했어?

-니/이니?: in a friendly atmosphere
지금 뭐 하니? / 어제 뭐 했니?
이 책 한국말 책이니?
여기가 네 학교니?

(c) Imperative sentence:

You attach the following endings to the verb stem → -아(라)/어(라):

빨리 와(라).
이 책 읽어(라).
공부 좀 해(라).

(d) Propositive sentence (Let's ...):

You attach to the verb stem → 자

빨리 가자.
밥 먹자.
공부하자.

4. Negative Sentences: How to form a negative sentence

This negative is used in statements and questions. It is not used in commands and suggestions.

(a) 아니다 : "not to be"

Ex.) 저 분은 선생님이에요. → 저 분은 선생님이 아니에요.
여기가 학교예요. → 여기는 학교가 아니에요.

(b) 없다 : "not to have" or "there is not"

Ex.) 나는 돈이 있어요. → 나는 돈이 없어요.
나는 친구가 있어요. → 나는 친구가 없어요.
방에 책상이 있어요. → 방에 책상이 없어요.

(c) 안 : is used with verbs.

Ex.)　　날씨가 좋아요. → 날씨가 안 좋아요.
　　　　　 학생이 먹어요. → 학생이 안 먹어요.

but
the negative of Noun+하다 is Noun+-을/를 안 하다

Ex.)　　인사하다 → 인사를 안 하다 (x 안 인사하다)
　　　　　 공부하다 → 공부를 안 하다 (x 안 공부하다)

(d) 못 : "cannot"

It means "cannot possibly," "cannot" or "not at all"

Ex.)　　학교에 갔어요. → 학교에 못 갔어요.
　　　　　 밥을 먹었어요. → 밥을 못 먹었어요.

"안" shows that "one has no intention of doing something" and

"못" shows that "one is unable to or is not in a situation to do something though one wants to."

5. How to form an Honorific sentencess:

(a) In the case of a verb

you add the honorific marker "-(으)시-" to the verb stem and use it in the polite formal or polite informal form.

The examples below are both of polite formal and polite informal forms.

Ex.)　　polite informal form (Vst+-아요/어요/여요)
　　　　　 오다: 오+-시+다 → 오시+-어요 → 오세요
　　　　　 보다: 보+-시+다 → 보시+-어요 → 보세요
　　　　　 앉다: 앉+-으시+다 → 앉으시+-어요 → 앉으세요

Ex.)　　polite formal form (Vst+-(스)ㅂ니다)
　　　　　 오다: 오+-시+다 → 오십니다
　　　　　 보다: 보+-시+다 → 보십니다
　　　　　 앉다: 앉+-으시+다 → 앉으십니다

(b) Honorific particles: You also change particles in the honorific form

-이/가 → 께서
-은/는 → 께서는
-에게 → 께

Ex.) 아버지께서 오세요.
선생님께서는 오늘 학교에 안 오세요.
언니가 어머니께 선물을 드려요.

(c) Honorific words: These are the honorific words which do not follow the rule of making the honorific form by "Vst+-(으)시-."

Ex.)

Verb	Noun
자다 (to sleep) → 주무시다	밥 (food) → 진지
죽다 (to die) → 돌아가시다	나이 (age) → 연세
먹다 (to eat) → 잡수시다, 드시다	병 (sickness) → 병환
있다 (to be, to have) → 계시다	집 (house) → 댁
말하다 (to talk) → 말씀하시다	이름 (name) → 성함

할머니께서 주무세요.
할아버지께서 1년 전에 돌아가셨어요.
아버지께서 진지를 잡수세요 (드세요).
사장님께서 지금 댁에 계세요. (있다: to be)
선생님께서 우리에게 말씀하셨어요.
우리 할머니께서는 연세가 많으세요. (많다: to be a lot)

(d) Honorific form of address: Title+(선생님)

To address someone respectfully, 선생님 is added after a person's title or name.

Ex.)

Mr. Kim	김 선생님
Doctor (M.D.)	의사 선생님
Dr. Lee	이 박사님
President of company	사장님

(e) Humble words:

When the person you are talking to is older than you or is not familiar with you, you should use humble words.

For example, when we give something to an older person, we use 드리다 instead of 주다.

> **Ex.)** 주다 (to give) → 드리다
> 나 → 저
> 우리 (we) → 저희
>
> 누나가 할머니께 선물을 드려요.
> 저는 한국 사람이에요. (x 이세요)
> 저희는 조금 전에 점심을 먹었어요. (x 잡수세요)

D. Flash card diagrams:

The following diagrams show the structure of the Korean sentence.
Copy and cut along the dotted lines to make flash cards for learning and teaching (especially useful for younger students.)

1. Flash Card Diagrams: 가르치다

언니	가
elder sister	

(used by a girl)
subject

언니가

우리들	한테
us	to

indirect object

우리들한테

한국말	을	
Korean		

direct object

한국말을

가르쳐요	
(가르치+-어요)	
teach	

verb
가르치다 (to teach)

가르쳐요.

2. Flash Card Diagrams: 기쁘다

나	는	
I		

subject

나는

오늘	
today	

adverb

오늘

아주	
very	

adverb

아주

기뻐요	
(기쁘+-어요)	

happy
*irregular verb
기쁘다 (to be happy)

기뻐요.

③ Flash Card Diagrams: 도와드리다

오빠	가
elder brother	

(used by a girl)
subject

오빠가

할머니	를
grandmother	to

object

할머니를

도와드려요* (돕+-아 드리다)	
help	

verb
*irregular verb
돕다 (to help)

도와드려요.

* "도와드리다" is the honorific form of "도와주다 (to help)."
(Vst+-아/어여 주다- "to do something for someone")

④ Flash Card Diagrams: 듣다

언니	가
elder sister	

(used by a girl)
subject

언니가

매일	
everyday	

adverb

매일

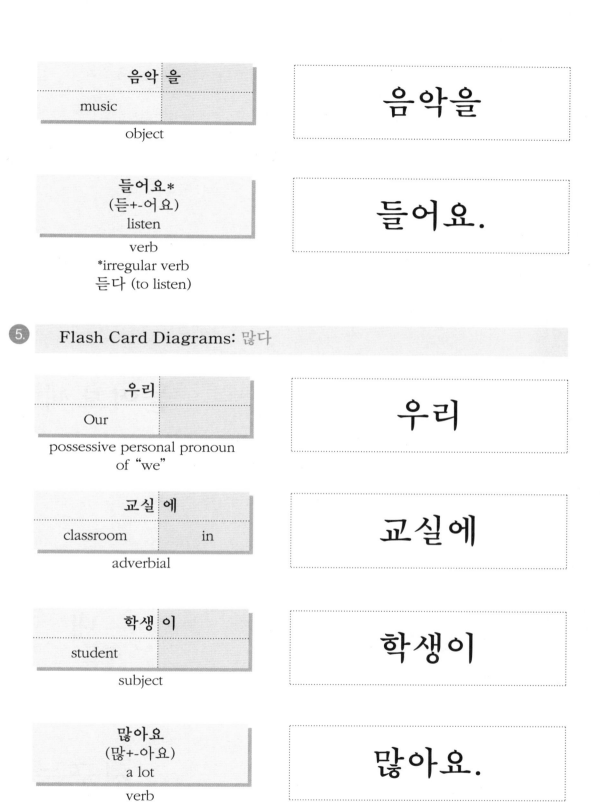

음악	을
music	
object	

음악을

들어요*	
(듣+-어요)	
listen	

verb
*irregular verb
듣다 (to listen)

들어요.

Flash Card Diagrams: 많다

우리	
Our	

possessive personal pronoun
of "we"

우리

교실	에
classroom	in

adverbial

교실에

학생	이
student	

subject

학생이

많아요	
(많+-아요)	
a lot	

verb
많다 (to be a lot)

많아요.

167

6. **Flash Card Diagrams:** 물어보다

선생님	께서
teacher	

subject

선생님께서

학생	한테
student	to

indirect object

학생한테

물어봐요
(묻다+-어 보다)
ask

verb
* irregular verb (묻다)
물어보다 (to try to ask)

물어보세요.

7. **Flash Card Diagrams:** 살다

내	
My	

possessive personal
pronoun of "I"
내- shortened form of 나의
(my)

내

친구	는
friend	

subject

친구는

한국	에서
Korea	in

adverbial

한국에서

살아요*
(살+-아요)
live

verb
살다 (to live)

살아요.

∗ **When verbs with the final consonant "ㄹ" combine with "ㄴ, ㅂ, ㅅ," the stem "ㄹ" is dropped.**

> **Ex.)** 우리 선생님께서 한국에서 사세요.
> But 내 친구는 미국에서 살아요.

8. Flash Card Diagrams: 쓰다

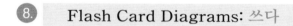

친구	가
friend	

subject

친구가

한국	에서
Korea	from

adverbial

한국에서

나	한테
me	to

indirect object

나한테

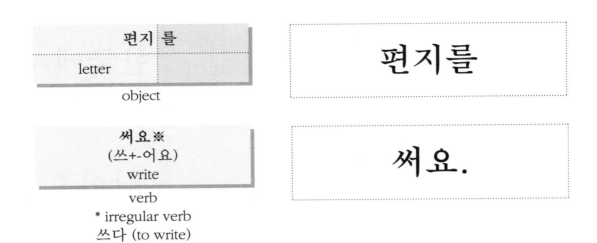

편지	를
letter	

object

편지를

써요※
(쓰+-어요)
write

verb
* irregular verb
쓰다 (to write)

써요.

9. **Flash Card Diagrams:** 씻다

동생	이
younger sibling	

subject

동생이

손	을
hand(s)	

object

손을

비누	로
soap	with

adverbial

비누로

씻어요
(씻+-어요)
wash

verb
씻다 (to wash)

씻어요.

* Adverbs or adverbial phrases, like 매일 or 비누로, can come before the subject or after the subject.

10. Flash Card Diagrams: 알다

우리	
Our	

possessive personal pronoun
of "we"

우리

누나	는
elder sister	

(used by a boy)
subject

누나는

답	을
answer	

object

답을

알아요*
(알+아요)
know

verb
*irregular verb
알다 (to know)

알아요.

＊ **When verbs with the final consonant "ㄹ" combine with "ㄴ, ㅂ, ㅅ," the stem "ㄹ" is dropped.**

Ex.) 어머니께서 우리 선생님을 아세요.
But 내 친구가 답을 알아요.

11. Flash Card Diagrams: 주다

오빠	가
elder brother	

(used by a girl)
subject

오빠가

어제	
yesterday	

adverb

어제

친구	한테
friend	to

indirect object

친구한테

선물	을
present	

direct object

선물을

줬어요
(주+-었어요)
gave

past tense
주다 (to give)

줬어요.

⑫ **Flash Card Diagrams: 타다**

우리	
Our	

possessive personal pronoun
of "we"

우리

형	이
elder brother	

(used by a boy)
subject

형이

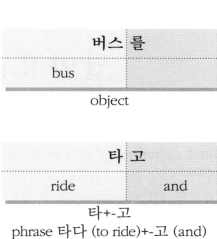

버스	를
bus	

object

버스를

타	고
ride	and

타+-고
phrase 타다 (to ride)+-고 (and)

타고

공항	에
airport	to

adverbial

공항에

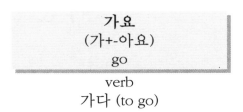

가요
(가+-아요)
go

verb
가다 (to go)

가요.

---

13. Flash Card Diagrams: 팔다

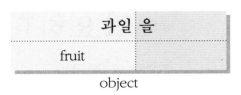

어디	에서
where	at

adverbial

어디에서

과일	을
fruit	

object

과일을

팔아요*
(팔+-아요)
sell

* irregular verb
팔다 (to sell)

팔아요?

* When verbs with the final consonant "ㄹ" combine with "ㄴ, ㅂ, ㅅ," the stem "ㄹ" is dropped.

Ex.) 가게에서 과일을 파세요. (가게 – store)

14. Flash Card Diagrams: 필요하다

나	는
I	

subject

나는

내일	
tomorrow	

adverb

내일

한국어 책	이
Korean book	

subject
한국어+책 (book)

한국어 책이

필요하다
(필요하+-여요)
need

verb
필요하다 (to need)
(Subject 은/는+Subject
이/가+필요하다)

필요하다.

우리	
Our	

possessive personal pronoun
of "we"

우리

형	은
elder brother	

(used by a boy)
subject

형은

매일	
everyday	

adverb

매일

회사	에서
company	at

adverbial

회사에서

일해요
(일하+여요)
work

verb
일하다 (to work)

일해요.

E. Answer Key

Lesson 1: 가르치다

1. ⓐ 언니가 한국말을 가르쳐요.
   ⓑ 선생님께서 한국말을 가르치세요.
   ⓒ 언니가 우리들한테 한국말을 가르쳐요.
   ⓓ 선생님께서 우리들을 가르치세요.
   ⓔ 언니가 매일 한국말을 가르쳐요.

2. ⓐ 한, 테   ⓑ 한, 말   ⓒ 생, 님
   ⓓ 일   ⓔ 르, 시   ⓕ 교
   ⓖ 나   ⓗ 한

3. ⓐ 가르치시다/누가/한테/오빠/어머님/선생님/언제/학생
   ⓑ 친구/집/가르치다/형/매일/학교/한국어/동생/무엇/누구

4. ⓐ 가르쳐요.   ⓑ 가르치세요.
   ⓒ 가르치세요.   ⓓ 가르쳐요.
   ⓔ 가르쳐요.   ⓕ 가르치세요.

5. ⓐ 선생님께서 매일 한국말을 가르치세요.
   ⓑ 또 누가 한국말을 가르쳐요?
   ⓒ 수진은 누구한테 영어를 가르쳐요?
   ⓓ 어머님께서 우리들한테 무엇을 가르치세요?
   ⓔ 누나가 동생한테 한국말을 가르쳐요.
   ⓕ 선생님께서 언제 영어도 가르치세요?

6. ⓐ 선생님께서 매일 우리들한테 한국어를 가르치세요.
   ⓑ 친구가 누구한테 영어를 가르쳐요?
   ⓒ 앨버트가 언제 한국에 가요?
   ⓓ 선생님께서 우리들하고 말하세요.
   ⓔ 언니가 매일 우리들한테 영어를 가르쳐요.
   ⓕ 누나가 어머니께 영어를 가르쳐요.

7. ⓐ 누구, 한국말 (한국어)
   ⓑ 오빠, 한국말 (한국어), 가르쳐요.
   ⓐ 누가, 중국말 (중국어), 말해요
   ⓑ 동생, 영어, 한국말 (한국어)

8. Crossword Puzzle

				읽		우
가	르	치	시	다		리
르					부	한
치					모	테
다			선	생	님	
					오	빠
		영	화		매	
한	국	어			일	본	어

9. ⓐ 누나가 동생한테 영어를 가르쳐요.
   ⓑ 선생님께서 매일 학교에서 우리들한테 한국어를 가르치세요.
   ⓒ 앨버트가 언니한테 영어를 가르쳐요.

Lesson 2: 기쁘다

1. ⓐ 내가 기뻐요.
   ⓑ 친구를 만나요. 그래서 기뻐요.
   ⓒ 오늘 친구를 만나요.
   ⓓ 아니오, 친구를 매일 안 만나요.

2. ⓐ 쁘   ⓑ 구   ⓒ 래   ⓓ 오
   ⓔ 리   ⓕ 쓰   ⓖ 나   ⓗ 프
   ⓘ 프   ⓙ 구   ⓚ 매   ⓛ 쁘

3. ⓐ 기쁘다/쓰다/고프다/친구/편지/머리/만나다/밥/아프다

    ⓑ 슬프다/매일/그래서/바쁘다/시간/배/날씨/동생/아주/오늘

4. ⓐ 아파요 ⓑ 나빠요 ⓒ 써요
    ⓓ 고파요 ⓔ 슬퍼요 ⓕ 바빠요

5. ⓐ 머리가 아파요.   ⓑ 날씨가 나빠요.
    ⓒ 나는 기뻐요.   ⓓ 영화가 슬퍼요.
    ⓔ 형이 바빠요.

6. ⓐ 머리가 아파요. 그래서 약을 먹어요.
    ⓑ 날씨가 나빠요. 그래서 동생이 집에 가요.
    ⓒ 친구를 만나요. 그래서 기뻐요.
    ⓓ 영화가 슬퍼요. 그래서 울어요.
    ⓔ 형이 바빠요. 그래서 못 만나요.
    ⓕ 내일 시험을 봐요. 그래서 공부해요.
    ⓖ 앨버트가 불고기를 좋아해요. 그래서 불고기를 많이 먹어요.

7. ⓐ 왜 밥을 못 먹어요?   ⓑ 왜 사과를 사요?
    ⓒ 왜 기뻐요?   ⓓ 왜 한국어를 공부해요?

8.

Crossword Puzzle

기			머	리		날
나	쁘	다				씨
	다			무	엇	
			학	생		
	슬		교			
아	프	다			시	바
	다				간	쁘
약		시	험		있	다

9. ⓐ 나는 오늘 친구를 만나요. 그래서 기뻐요.

ⓑ 동생이 배가 고파요. 그래서 동생이 밥을 먹어요.
ⓒ 왜 슬퍼요? 영화가 슬퍼요. 그래서 나도 슬퍼요.
ⓓ 왜 바빠요? 매일 학교에서 공부해요. 그래서 바빠요.
ⓔ 오늘 날씨가 나빠요. 그래서 집에서 책을 읽어요.

Lesson 3: 도와주다

1. ⓐ 오빠가 나를 도와줘요.
    ⓑ 오빠가 할머니를 도와드려요.
    ⓒ 내가 오빠처럼 할머니를 도와드리겠어요.

2. ⓐ 와, 드   ⓑ 할   ⓒ 처럼
    ⓓ 매   ⓔ 기   ⓕ 머
    ⓖ 구   ⓗ 주   ⓘ 가

3. ⓐ 선생님/도와주다/처럼/오빠/내일/도와드리다/할머니/나

    ⓑ 책방/아기/울다/읽다/어머니/한국/가다/공부하다/매일

4. ⓐ 도와줘요   ⓑ 도와드려요
    ⓒ 처럼   ⓓ 처럼
    ⓔ 그리고   ⓕ 그리고
    ⓖ 처럼, 겠   ⓗ 처럼, 겠

5. ⓐ 우리들은 매일 아버지를 도와드려요.
    ⓑ 앨버트는 언제 선생님을 도와드려요?
    ⓒ 동생도 나처럼 집에서 어머니를 도와드려요.
    ⓓ 언니가 오빠처럼 내 숙제를 도와줘요.
    ⓔ 아버지께서 집에서 어머니를 매일 도와주세요.
    ⓕ 친구가 형처럼 학교에서 나를 도와줘요.

6. ⓐ 도와드려요   ⓑ 도와주세요
    ⓒ 도와줘요   ⓓ 도와드려요
    ⓔ 도와드려요   ⓕ 도와줘요

7. ⓐ 언니가 집에서 어머니를 도와드려요.

ⓑ 형이 동생의 숙제를 도와줘요.

ⓒ 선생님께서 학교에서 우리들을 도와주세요.

ⓓ 나도 집에서 할머니를 도와드리겠어요.

ⓔ 친구는 오늘 한국어를 공부하겠어요.

ⓕ 나는 내일 일찍 학교에 가겠어요.

ⓖ 나도 누나처럼 매일 집에서 공부하겠어요.

8.

Crossword Puzzle	도	와	드	리	다			할
	와					영		머
	주			중	국	어		니
	다							
		아	침		아		일	찍
		기		오	빠			
	미	국	사	람			처	럼

9. ⓐ 오빠가 할머니를 도와드려요.

ⓑ 아버지께서 동생을 도와주세요.

ⓒ 나는 내일 친구를 도와주겠어요.

ⓓ 어머니께서는 집에서 할머니를 도와드려요.

Lesson 4: 듣다

1. ⓐ 언니가 음악을 들어요.

ⓑ 언니가 매일 음악을 들어요.

ⓒ 언니는 음악을 좋아해요. 그래서 언니는 음악을 들어요.

ⓓ 네, 언니는 음악을 좋아해요.

2. ⓐ 듣   ⓑ 화, 다

ⓒ 아, 하   ⓓ 매

ⓔ 악   ⓕ 언

ⓖ 니   ⓗ 침

3. ⓐ 좋아하다/재즈/그래서/음악/집/듣다/학생/저녁/매일

ⓑ 언니/불고기/집에서/자주/언제/친구/방/전화하다

4. ⓐ 들어요   ⓑ 들어요
   ⓒ 들으세요   ⓓ 들으세요
   ⓔ 들어요

5. ⓐ 들어요   ⓑ 들으세요
   ⓒ들으세요   ⓓ 들어요
   ⓔ 들으세요

6. ⓐ 무엇을 들어요?

ⓑ 누가 한국 음악을 들어요?

ⓒ 나는 재즈를 들어요.

ⓓ 내 동생은 힙합을 들어요.

ⓔ 아버지께서 한국 음악을 들으세요.

ⓕ 어머니께서도 집에서 한국 음악을 들으세요.

7. ⓐ 수진은 매일 음악을 들어요.

ⓑ 어머니께서 한국 음악을 좋아하세요.

ⓒ 친구는 매일 음악을 들어요.

ⓓ (내) 친구가 선생님하고 음악을 들어요.

ⓔ 아버지께서 재즈를 들으세요.

ⓕ 동생의 친구는 힙합을 들어요.

8. ⓐ 기뻐요.

ⓑ 친구가 매일 불고기를 먹어요.

ⓒ 기뻐요.

ⓓ 친구를 만나요.

ⓔ 공부해요.

9. ⓑ 음악   ⓑ 고전음악
   ⓐ 재즈   ⓑ 힙합
   ⓐ 힙합   ⓑ 고전음악
   ⓐ 고전음악   ⓑ 재즈

10.

음	악					힙	합
				학	생		
							기
집							쁘
				전	화	하	다
고	전	음	악				
							들
재	즈			좋	아	하	다

11. ⓐ 누나가 방에서 힙합을 들어요.
   ⓑ 어머니께서 매일 집에서 한국음악을 들으세요.
   ⓒ 친구가 매일 학교에서 재즈를 들어요.
   ⓓ 선생님께서 교실에서 한국음악을 들으세요.

Lesson 5: 많다

1. ⓐ 교실에 학생이 많아요.
   ⓑ 오빠는 친구가 많아요.
   ⓒ 앨버트는 누나가 두 명 있어요.
   ⓓ 아니오, 수진은 오빠가 없어요.

2. ⓐ 교   ⓑ 같   ⓒ 봅, 다
   ⓓ 모   ⓔ 음   ⓕ 네
   ⓖ 비   ⓗ 상   ⓘ 있
   ⓙ 섯

3. ⓐ 학생/책상/교실/명/있다/몇/없다/모두/먹읍시다
   ⓑ 학교/다섯/여섯/마십시다/다 같이/세어봅시다

4. ⓐ 동생은 책이 많아요.
   ⓑ 우리 교실에 학생이 많아요. (Or 우리 교실에 학생이 많이 있어요.)
   ⓒ 학교에 학생이 몇 명 있어요?

5. ⓐ 책을 읽읍시다.
   ⓑ 우유를 마십시다.
   ⓒ 텔레비전을 봅시다.
   ⓓ 한국말을 가르칩시다.
   ⓔ 친구를 도와줍시다.
   ⓕ 한국음악을 들읍시다.
   ⓖ 신문을 봅시다.

   ⓓ 다 같이 텔레비전을 봅시다.

6. ⓐ 내일 영화를 봅시다.
   ⓑ 지금 한국말을 공부합시다.
   ⓒ 한국 음식을 다 같이 먹읍시다.
   ⓓ 친구한테 영어를 가르칩시다.
   ⓔ 앨버트를 다 같이 도와줍시다.

7. ⓐ 친구가 일곱 명 있어요.
   ⓑ 언니는 친구가 다섯 명 있어요.
   ⓒ 동생이 세 명 있어요.
   ⓓ 오빠는 친구가 여섯 명 있어요.
   ⓔ 교실에 한국 학생이 열 명 있어요.
   ⓕ 교실에 학생이 모두 스무 명 있어요.
   ⓖ 교실에 여학생이 여덟 명 있어요.
   ⓗ 교실에 남학생이 열두 명 있어요.

8.

	많				다	같	이
세	다				여	섯	
			오	빠			교
친	구			책	상		실
			한	국	음	식	마
	읽						시
있	다			가	르	치	다

9. ⓐ 나는 집에 책이 많아요. (나는 집에 책이 많이

179

있어요.)

ⓑ 선생님께서 학교에서 학생을 세세요.

ⓒ 우리 교실에 학생이 많아요.

ⓓ 학교에 학생이 몇 명 있어요?

ⓔ 동생은 한국에 친구가 없어요.

Review Exercises 01 - 05

1. ⓐ 가르치시다   ⓑ 만나시다
   ⓒ 도와주시다   ⓓ 들으시다
   ⓔ 많으시다

2. ⓐ 치시   ⓑ 국   ⓒ 쁘   ⓓ 으시
   ⓔ 주시   ⓕ 물   ⓖ 매   ⓗ 와
   ⓘ 많   ⓙ 보시

3. ⓐ 학생/재즈/음악/많다/들으시다/도와주다/배/
      기쁘시다
   ⓑ 도와드리다/많으시다/가르치시다/기쁘다/슬프
      다/들다

4. ⓐ 선생님께서 우리들한테 한국말을 가르치세요.
   ⓑ 오빠가 우리들한테 영어를 가르쳐요.
   ⓒ 어머니께서 오늘 머리가 아프세요.
   ⓓ 동생이 친구를 만나요. 그래서 (동생은) 기뻐요.
   ⓔ 우리들은 매일 아버지를 도와드려요.
      (or 아버지께서 우리들을 매일 도와주세요.)
   ⓕ 형이 친구의 숙제를 도와줘요.
   ⓖ 우리 교실에 학생이 많아요.
   ⓗ 어머니께서 매일 음악을 들으세요.
   ⓘ 언니가 지금 집에서 음악을 들어요.

5. ⓐ 기뻐요   ⓑ 고파요
   ⓒ 아파요   ⓓ 가르치세요
   ⓔ 가르쳐요   ⓕ 들어요
   ⓖ 들으세요   ⓗ 도와드려요
   ⓘ 도와주세요   ⓙ 많아요

ⓚ 있으세요   ⓛ 없어요

6. ⓐ 오빠가 언제나 학교에서 나를 도와줘요.
   ⓑ 언니가 집에서 할머니를 도와드려요.
   ⓒ 오늘 친구를 만나요. 그래서 기뻐요.
   ⓓ 선생님께서 우리들한테 한국말을 가르치세요.
   ⓔ 어머니께서 집에서 음악을 들으세요.
   ⓕ 친구는 집에 책이 많아요.

7. ⓐ 께서, 가르치세요   ⓑ 는, 기뻐요
   ⓒ 를, 도와드려요   ⓓ 께서, 도와주세요
   ⓔ 들어요   ⓕ 께서, 들으세요
   ⓖ 에, 많아요   ⓗ 가
   ⓘ 없어요

8. **Crossword Puzzle**

질		도		가		
문		와		르		영	어
		주		치		
기	쁘	다		시		읽	다
				다		
						고	
할	머	니			아	프	다
	리		많	다		다	

9. ⓐ 아버지께서 동생을 도와주세요.
   ⓑ 오빠가 할머니를 도와드려요.
   ⓒ 친구가 내 숙제를 도와줘요.
   ⓓ 나는 친구를 만나요. 그래서 기뻐요.
   ⓔ 어머니께서 친구를 만나세요. 그래서 어머니께
      서는 기쁘세요.
   ⓕ 선생님께서 우리들한테 한국말을 가르치세요.
   ⓖ 나는 학교에 친구가 많아요.
   ⓗ 아버지께서 오늘 시간이 있으세요.
   ⓘ 지금 학교에 학생이 있어요.

ⓙ 언니가 매일 집에서 음악을 들어요.
ⓚ 어머니께서는 지금 음악을 들으세요.

Lesson 6: 물어보다

1. ⓐ 선생님께서 물어보세요.
   ⓑ 학생한테 물어보세요.
   ⓒ 친구는 형한테도 물어봐요.
   ⓓ 친구는 또 선생님께도 여쭤봐요.

2. ⓐ 어   ⓑ 한 테   ⓒ 어   ⓓ 어
   ⓔ 보, 시   ⓕ 께   ⓖ 생   ⓗ 어
   ⓘ 불   ⓙ 치

3. ⓐ 물어보시다/가보다/물어요/한국/김치/먹다/질
      문/누구/음악
   ⓑ 물어보다/선생님께/여쭤보다/수업/무엇/언니/
      학생/뉴욕/전화하다

4. ⓐ 누가 내 친구한테 물어봐요?
   ⓑ 수진이 우리 선생님께 여쭤봐요.
   ⓒ 어머니께서 나한테 물어보세요.
   ⓓ 무엇을 물어보세요?
   ⓔ 우리 아버지께서 우리한테 물어보세요.

5. ⓐ 여쭤봐요   ⓑ 물어보세요
   ⓒ 여쭤봐요   ⓓ 여쭤봐요
   ⓔ 물어보세요

6. ⓐ 한테
   ⓑ 께서, 물어보세요
   ⓒ 께서, 한테, 물어보세요
   ⓓ 가, 한테, 물어봐요
   ⓔ 이, 께, 여쭤봐요
   ⓕ 가, 께, 여쭤봐요
   ⓖ 께서, 께, 물어보세요

7. ⓑ 내가, ⓑ 선생님께, ⓑ 친구한테, ⓑ 어머니께

8. ⓐ 나는 배가 고프고 머리도 아파요.
   ⓑ 친구가 내일 한국에 가고 일본에도 가요.
   ⓒ 누나가 어머니께 여쭤보고 아버지께도 여쭤봐요.
   ⓓ 동생이 언니한테 물어보고 선생님께도 여쭤봐요.

9.
Crossword Puzzle

10. ⓐ 할아버지께서 동생한테 물어보세요.
      (or 동생이 할아버지께 여쭤봐요.)
   ⓑ 동생이 누나한테 숙제를 물어봐요.
   ⓒ 언니가 어머니께 여쭤봐요.
   ⓓ 할머니께서 누나한테 물어보세요.
   ⓔ 학생이 선생님께 숙제를 여쭤봐요.

Lesson 7: 살다

1. ⓐ 친구가 지금 한국에서 살아요.
   ⓑ 친구가 한국을 좋아해요. 그래서 한국에서 살아요.
   ⓒ 네, 친구처럼 한국에서 살고 싶어요.

2. ⓐ 한   ⓑ 아, 하   ⓒ 처, 럼   ⓓ 살
   ⓔ 지   ⓕ 프   ⓖ 디   ⓗ 곤
   ⓘ 시   ⓙ 국, 람

3. ⓐ 처럼/한국/지금/나도/한국사람/배/친구/살다/
　　좋아하시다/어디
　　ⓑ 사시다/미국사람/잘하다/살겠다/읽으시다/한
　　국말/친구/읽다

4. ⓐ 에서　　ⓑ 처럼　　ⓒ 에서　　ⓓ 해서
　　ⓔ 처럼　　ⓕ 처럼　　ⓖ 서　　　ⓗ 어서

5. ⓐ 날씨가 나빠서 집에 있어요.
　　ⓑ 배가 고파서 식당에 가요.
　　ⓒ 내 친구는 불고기를 좋아해서 많이 먹어요.
　　ⓓ 어머니께서 미국에 오셔서 기뻐요.
　　ⓔ 형이 바빠서 친구를 못 만나요.
　　ⓕ 한국을 좋아해서 한국에서 살아요.
　　ⓖ 앨버트는 친구를 좋아해서 매일 만나요.

6. ⓐ 나는 저녁에 한국 식당에 가고 싶어요.
　　ⓑ 나는 부모님하고 한국에 가고 싶어요.
　　ⓒ 나는 배가 고파서 밥을 먹고 싶어요.
　　ⓓ 나는 친구하고 영화를 보고 싶어요.
　　ⓔ 나는 한국에 가서 친구를 만나고 싶어요.

7. **Crossword Puzzle**

한	국	사	람		시	간	
	있		저				
살	다		녁				
				문	제		예
친	구	처	럼				쁘
				좋	아	하	다
		고	프	다			

8. ⓐ 할아버지께서 한국을 좋아하셔서 한국에서 사
　　세요.
　　ⓑ 앨버트도 한국을 좋아해서 한국에서 살아요.
　　ⓒ 나는 오늘 한국 음식을 먹고 싶어요.

ⓓ 앨버트가 한국말을 한국 사람처럼 말해요.
ⓔ 나는 미국을 좋아해서 미국에서 살고 싶어요.

Lesson 8: 쓰다

1. ⓐ 친구가 지금 한국에 있어요.
　　ⓑ 친구가 한국말을 공부해서 한국에 있어요.
　　ⓒ 친구가 나한테 편지를 써요.
　　ⓓ 네, 친구가 한국말로 편지를 써요.

2. ⓐ 한　　ⓑ 엇　　ⓒ 친　　ⓓ 금
　　ⓔ 아　　ⓕ 국, 서　　ⓖ 국, 로　　ⓗ 주
　　ⓘ 쓰　　ⓙ 지

3. ⓐ 쓰세요　　ⓑ 써요　　ⓒ 쓰세요
　　ⓓ 써요　　ⓔ 써요

4. ⓐ 에서　　ⓑ 에서, 한테, 로
　　ⓒ 에서, 로　ⓓ 께서, 한테, 로
　　ⓔ 께　　　ⓕ 으로
　　ⓖ 로　　　ⓗ 에서, 으로/에

5. ⓐ 나는 한국말로 편지를 써요.
　　ⓑ 친구가 펜으로 편지를 써요.
　　ⓒ 아버지께서 버스로 집에 오세요.
　　ⓓ 무엇을 써요?
　　ⓔ 앨버트는 나한테 영어로 편지를 써요.

6. ⓐ 동생이 한국에서 한국말로 편지를 써요.
　　ⓑ 나는 친구한테 영어로 편지를 쓰고 싶어요.
　　ⓒ 누나가 미국에서 부모님께 편지를 써요.
　　ⓓ 친구가 무엇으로 편지를 써요?
　　ⓔ 어머니께서 동생한테 편지를 쓰세요.
　　ⓕ 아버지께서 비행기로 미국에 가세요.

7. ⓐ 나는 지금 김치가 먹고 싶어요.
　　ⓑ 나는 오늘 부모님이 보고 싶어요.
　　ⓒ 나는 서울에서 친구를 만나고 싶어요.

ⓓ 나는 내일 친구하고 백화점에서 구두하고 양말을 사고 싶어요.

8.

Crossword Puzzle

				읽			우
가	르	치	시	다			리
르					부		한
치					모		테
다			선	생	님		
						오	빠
						매	
한	국	말			일	본	어

9. ⓐ 언니가 부모님께 한국말로 편지를 써요.
   ⓑ 아버지께서 미국에서 할머니께 편지를 쓰세요.
   ⓒ 나는 한국말로 편지를 쓰고 싶어요.
   ⓓ 친구가 나한테 중국말로 편지를 쓰겠어요.

Lesson 9: 씻다

1. ⓐ 동생이 손을 씻어요.
   ⓑ 동생이 비누로 씻어요.
   ⓒ 동생이 얼굴과 발도 씻어요.
      (Or 동생이 얼굴하고 발도 씻어요.)
   ⓓ 동생이 또 다리와 팔도 씻어요.
      (Or 동생이 또 다리하고 팔도 씻어요.)

2. ⓐ 굴   ⓑ 리   ⓒ 손   ⓓ 리
   ⓔ 발   ⓕ 씻   ⓖ 누   ⓗ 기
   ⓘ 우   ⓙ 책

3. ⓐ—9   ⓑ—4   ⓒ—7   ⓓ—6
   ⓔ—8   ⓕ—1   ⓖ—10   ⓗ—2
   ⓘ—11   ⓙ—5   ⓚ—3

4. ⓐ 얼굴   ⓑ 손   ⓒ 발   ⓓ 다리, 팔
   ⓔ 무릎   ⓕ 어깨

5. ⓐ 로   ⓑ 와   ⓒ 로, 에   ⓓ 으로
   ⓔ 으로   ⓕ 로   ⓖ 로   ⓗ 로

6. ⓐ 친구는 한국에서 살고 한국말을 공부해요.
   ⓑ 동생은 집에 있고 나는 학교에 가요.
   ⓒ 형은 신문을 보고 밥을 먹어요.
   ⓓ 언니는 친구를 만나고 한국 음식을 먹어요.
   ⓔ 나는 영어를 공부하고 누나는 중국어를 공부해요.

Lesson 10: 알다

1. ⓐ 누나가 답을 알아요.
   ⓑ 선생님께서는 나라 이름을 물어보세요.
   ⓒ 나라 이름들은 대한민국, 일본, 중국 그리고 미국이에요.
   ⓓ 네, 누나는 똑똑해요.

2. ⓐ 알아요   ⓑ 알아요   ⓒ 알아요
   ⓓ 아세요   ⓔ 아세요   ⓕ 아세요

3. ⓐ 제   ⓑ 아, 시   ⓒ 살   ⓓ 답
   ⓔ 생   ⓕ 알   ⓖ 알   ⓗ 똑 하
   ⓘ 사 시   ⓙ 언   ⓚ 께   ⓛ 그

4. ⓐ 알아요   ⓑ 알아요   ⓒ 아세요
   ⓓ 아세요   ⓔ 알아요   ⓕ 똑똑해요

5. ⓐ 누가 답을 알아요?
   ⓑ 내가(제가) 답을 알아요. (제가-humble word of 내가)
   ⓒ 우리 어머니께서 영어 선생님을 아세요.
   ⓓ 앨버트의 선생님께서 앨버트의 부모님을 아세요?
   ⓔ 무엇을 아세요?

6. ⓐ 나는 답을 알아요.

ⓑ 동생이 누구를 알아요?

ⓒ 우리 누나는 한국어 선생님을 알아요.

ⓓ 선생님께서 무엇을 아세요?

ⓔ 친구가 영어 선생님을 알아요.

7. ⓐ 밥을 먹으세요.

ⓑ 한국어를 공부하세요.

ⓒ 꽃을 사세요. (사다-to buy)

ⓓ 친구한테 전화하세요. (전화하다-to call)

ⓔ 한국 식당에 가세요.

8.

Crossword Puzzle

잘			아				
			시		오	늘	
똑	똑	하	다				
						내	일
			언	제	나		
			어	제			
학	교						
생			지	금		알	다

9. ⓐ 친구가 지금 답을 알아요.

ⓑ 누나가 영어를 알아요.

ⓒ 할머니께서 중국어를 아세요.

ⓓ 선생님께서 책을 읽으세요. 그러면 나도 책을
읽겠어요.

ⓔ 형이 밥을 먹어요. 그러면 나도 밥을 먹겠어요.

ⓕ 내일 시험이 있어요. 그러면 공부하세요.

Review Exercises 06 - 10

1. ⓐ 께   ⓑ 에서
ⓒ 로   ⓓ 고 싶어요
ⓔ 해서   ⓕ 서
ⓖ 께서   ⓗ 께서는
ⓘ 고 싶어요   ⓙ 고 싶어요

2. ⓐ 살   ⓑ 럼   ⓒ 시   ⓓ 금
ⓔ 국   ⓕ 싶   ⓖ 면   ⓗ 비
ⓘ 었   ⓙ 고   ⓚ 아   ⓛ 굴

3. ⓐ 사세요   ⓑ 씻어요   ⓒ 싶어요
ⓓ 알아요   ⓔ 여쭤봐요   ⓕ 씻으세요
ⓖ 쓰세요

4. ⓐ 사세요   ⓑ 살아요
ⓒ 알아요   ⓓ 여쭤봐요
ⓔ 싶어요   ⓕ 아세요
ⓖ 씻으세요   ⓗ 씻어요
ⓘ 써요   ⓙ 쓰세요
ⓚ 물어보세요

5. ⓐ 한국을 좋아해서 한국에서 살아요.

ⓑ 아기가 지금 비누로 얼굴을 씻어요.

ⓒ 선생님께 여쭤봐요.

ⓓ 부모님께서는 한국에(서) 사세요.

ⓔ 한국말로 친구한테 편지를 써요.

ⓕ 친구를 만나서 기뻐요.

ⓖ 질문이 있어서 선생님께 여쭤봐요.

6. ⓐ 8   ⓑ 6   ⓒ 5
ⓓ 2   ⓔ 3   ⓕ 7
ⓖ 4   ⓗ 1

7.

		좋				얼	굴
	살	다					
					처	럼	
	씻						
앉	다		일				똑
			본		비		똑
			영	어	누		하
						알	다

8. ⓐ 나는 지금 미국에서 살아요.

ⓑ 제 부모님께서는 지금 한국에서 사세요.

ⓒ 친구가 답을 알아요.

ⓓ 아버지께서 한국말 선생님을 잘 아세요.

ⓔ 나는 미국에서 살고 싶어요.

ⓕ 할머니께서 지금 얼굴을 씻으세요.

ⓖ 누나는 매일아침 비누로 얼굴을 씻어요.

Lesson 11: 주다

1. ⓐ 오빠가 친구한테 선물을 줬어요.

ⓑ 오빠가 생일 선물을 줬어요.

ⓒ "생일을 축하해."

ⓓ 오빠는 선생님께도 선물을 드렸어요.

2. ⓐ 친, 한　ⓑ 선　ⓒ 드, 리　ⓓ 엇

ⓔ 친　ⓕ 제　ⓖ 생, 께　ⓗ 생

ⓘ 제　ⓙ 주　ⓚ 필　ⓛ 밥

3. ⓐ 선생님께서 저한테 생일 선물을 주셨어요.

ⓑ 나는 친구한테 샌드위치를 줬어요.

ⓒ 친구가 선생님께 꽃을 드려요.

ⓓ 수진이 어머니께 책을 드려요.

ⓔ 나는 선생님께 선물을 드려요.

4. ⓐ 친구가 나한테 생일 선물을 줬어요.

ⓑ 아버님께서 형한테 차를 주세요.

ⓒ 언제 친구한테 생일 선물을 줘?

ⓓ 언니가 할머니께 꽃을 드려요.

ⓔ 어머니께서 지금 할머니께 선물을 드려요.

ⓕ 누나가 어제 어머니께 선물을 드렸어요.

5. ⓐ 누나가 친구한테 선물을 줘.

ⓑ 어머니께서 나한테 책을 주세요.

ⓒ 형이 어머니께 언제 선물을 드려요?

ⓓ 언제 부모님께서는 언니한테 선물을 주셔?

6. ⓐ 기뻤어요.

ⓑ 친구가 나한테 선물을 줬어요.

ⓒ 시간이 있어요.

ⓓ 한국식당에 갔어요.

ⓔ 선물을 사요.

7.

언	제					
		생	일		선	생	님
우	유				물		
할	머	니			그	래	서
아				차			
버			아				주
지		오	빠		드	리	다

8. ⓐ 오늘 오빠가 친구한테 선물을 줘요.

ⓑ 어제 누나가 할머니께 선물을 드렸어요.

ⓒ 어제 부모님께서 동생한테 생일 선물을 주셨어요.

ⓓ 할머니께서 가게에서 돈을 주세요.

ⓔ 아버지께서 할머니께 선물을 드려요.

Lesson 12: 타다

1. ⓐ 형이 버스를 타고 공항에 가요.
   ⓑ 형이 비행기를 타려고 공항에 가요.
   ⓒ 형이 한국에 가려고 비행기를 타요.
   ⓓ 형이 오늘 비행기를 타요.

2. ⓐ 행   ⓑ 스   ⓒ 타   ⓓ 왜
   ⓔ 려   ⓕ 제   ⓖ 항   ⓗ 차
   ⓘ 가, 고   ⓙ 주   ⓚ 오   ⓛ 오, 시

3. ⓐ 선생님께서 미국에 가시려고 비행기를 타세요.
   ⓑ 어머니께서는 학교에 오시려고 버스를 타세요.
   ⓒ 수진은 무엇을 타?
   ⓓ 나는 동생을 만나려고 공항에 가.

4. ⓐ 친구가 내일 비행기를 타고 미국에 가요.
   ⓑ 오빠가 밥을 먹으려고 식당에 가요.
   ⓒ 선생님께서 차를 타고 학교에 오셔.
   ⓓ 할머니께서 사과를 사시려고 돈을 주세요.
   ⓔ 친구가 한국에 가려고 비행기를 타요.

5. ⓐ 어머니께서는 공항에서 비행기를 타세요.
   ⓑ 친구가 비행기를 타고 한국에 와요.
   ⓒ 누나가 친구의 차를 타.
   ⓓ 수진은 미국에 가려고 비행기를 타요.

6. ⓐ 어머니께서는 공항에서 비행기를 타셨어요.
   ⓑ 친구가 한국에 가려고 비행기를 타요.
   ⓒ 누나가 뉴욕에 가려고 친구의 차를 타요.
   ⓓ 부모님께서 한국에 가시려고 비행기를 타셨어요.

7. ⓐ 나는 한국 사람이고 내 친구는 미국 사람이에요.
   ⓑ 누나는 방에서 공부하고 동생은 텔레비전을 봐요.
   ⓒ 나는 밥을 먹고 숙제를 했어요.
   ⓓ 나는 친구를 만나고 커피를 마셨어요.
   ⓔ 이것은 내 것이고 저것은 형 것이에요.

8. **Crossword Puzzle**

비	행	기		공	항		자
		차					동
어	디		할	머	니		차
		선					
		물			시	장	
	사		언	제			드
타	시	다					리
	다			여	행	하	다

9. ⓐ 수진은 어머니하고 한국에 가려고 비행기를 타요.
   ⓑ 형이 오늘 뉴욕에 가려고 기차를 타요.
   ⓒ 아버지께서 회사에 가시려고 매일 차를 타세요.
   ⓓ 어제 누나가 비행기를 타려고 공항에 갔어요.

Lesson 13: 팔다

1. ⓐ 사과하고 배를 팔아요.
   ⓑ 사과하고 배를 사요.
   ⓒ 천 원이에요.
   ⓓ 네, 돈이 있었어요.

2. ⓐ 팔   ⓑ 과   ⓒ 드 리   ⓓ 개
   ⓔ 마   ⓕ 원   ⓖ 일   ⓗ 녕, 세
   ⓘ 까   ⓙ 배   ⓚ 돈   ⓛ 주

3. ⓐ 어머니께서 가게에서 사과를 파세요.
   ⓑ 사과하고 배를 살까요?
   ⓒ 누가 수진의 어머니예요?
   ⓓ 앨버트가 무엇을 팔아?
   ⓔ 친구의 생일이 언제예요?

4. ⓐ 세   ⓑ 네   ⓒ 열두
   ⓓ 스무   ⓔ 다섯   ⓕ 두

ⓖ 한

5. ⓐ 가르치세요　　ⓑ 도와주세요
　　ⓒ 들으세요　　　ⓓ 물어보세요
　　ⓔ 사세요　　　　ⓕ 쓰세요
　　ⓖ 씻으세요　　　ⓗ 아세요
　　ⓘ 타세요

6. ⓐ 동생한테 선물을 줄까요? 네, 동생한테 선물을
　　줘요.
　　ⓑ 오늘 비행기를 탈까요? 네, 오늘 비행기를 타요.
　　ⓒ 지금 비누로 손을 씻을까요? 네, 지금 비누로
　　손을 씻어요.
　　ⓓ 부모님께 편지를 쓸까요? 네, 부모님께 편지를
　　써요.
　　ⓔ 선생님께 답을 여쭤볼까요? 네, 선생님께 답을
　　여쭤봐요.
　　ⓕ 집에서 언니하고 음악을 들을까요? 네, 집에서
　　언니하고 음악을 들어요.

7. ⓐ 팔아　　　　　ⓑ 파세요
　　ⓒ 팔았어　　　　ⓓ 파셨어요.
　　ⓔ 팔았어요.　　　ⓕ 파세요.

8.

Crossword Puzzle

주		과	일	가	게	
파	시	다			게	도
	다		얼	마		서
		배				관
			사	과		
비	행	기			아	기
누		차		교	실	
		역			수	업

9. ⓐ 친구가 책방에서 책을 팔아요.

ⓑ 아저씨께서 공항에서 비행기 표를 파세요.
ⓒ 어제 누나가 꽃가게에서 꽃을 팔았어요.
ⓓ 아버지께서 회사에서 차를 파셨어요.
ⓔ 아저씨, 이 책을 싸게 파세요.

Lesson 14: 필요하다

1. ⓐ책이 필요해요.
　　ⓑ한국어 책이 필요해요.
　　ⓒ한국어 수업이 있어서 필요해요.
　　ⓓ아니오, 한국어 책이 없어요.
　　ⓔ내일 필요해요.

2. ⓐ 필　　　ⓑ 리　　　ⓒ 있
　　ⓓ 속　　　ⓔ 없　　　ⓕ 제 나
　　ⓖ 한테서　ⓗ 언　　　ⓘ구
　　ⓙ 누, 한

3. ⓐ 이　　　ⓑ 이
　　ⓒ 무엇이　ⓓ 누구하고
　　ⓔ 왜　　　ⓕ 이

4. ⓐ 나는 내일 책이 필요해요.
　　ⓑ 나는 지금 돈이 필요해요.
　　ⓒ 동생은 학교에서 무엇이 필요해요?
　　ⓓ 어머니께서 지금 무엇이 필요하세요?

5. ⓐ 나는 공책도 없어서 친구한테서 빌려요.
　　ⓑ 동생은 돈이 없어서 언니한테서 빌려요.
　　ⓒ 형은 지금 시간이 있어서 친구를 만나요.
　　ⓓ 친구는 배가 고파서 밥을 먹어요.
　　ⓔ 나는 한국어 책이 필요해서 한국어 책을 사요.
　　ⓕ 나는 한국을 좋아해서 한국학을 공부해요.

Crossword Puzzle

	없						
있	다		친	구	한	테	서
						신	
	언		공	책		문	
언	제	나					빌
				연			리
돈		차	필	요	하	다	

7. ⓐ 나는 돈이 필요해요. 그래서 친구한테서 돈을 빌려요.

　ⓑ 동생은 책이 필요해요. 그래서 친구한테서 책을 빌려요.

　ⓒ 어제 어머니께서 책이 필요하셨어요. 그래서 친구한테서 책을 빌리셨어요.

Lesson 15: 일하다

1. ⓐ 형이 회사에서 일해요.
　ⓑ 네, 형이 열심히 일해요.
　ⓒ 네, 형이 부지런해요.
　ⓓ 형은 아침부터 저녁까지 일해요.

2. ⓐ 회사　　ⓑ 하
　ⓒ 화　　　ⓓ 런 하
　ⓔ 시　　　ⓕ 심
　ⓖ 좋, 다　ⓗ 유
　ⓘ 쓰　　　ⓙ 아

3. ⓐ 형은 오늘도 회사에서 열심히 일해요.
　ⓑ 수진의 아버지께서는 어디에서 일하세요?
　ⓒ 우리 형은 부지런한 형이에요.
　ⓓ 나는 우리 형을 아주 좋아해요.

4. ⓐ 형은 회사에서 무엇을 해요?
　ⓑ 우리 형은 오늘 회사에서 일했어요.
　ⓒ 나는 오늘도 집에 안 있어요.
　ⓓ 어머니께서 내일 집에서 일하세요.
　ⓔ 우리 형은 부지런한 형이에요.
　ⓕ 나도 형처럼 열심히 일하겠어요.
　ⓖ 형은 언제나 열심히 일하는 형이에요.
　ⓗ 우리 언니는 언제나 열심히 공부하는 언니예요.

5. ⓐ 똑똑한　　　ⓑ 부지런한
　ⓒ 읽는　　　　ⓓ 아니세요
　ⓔ 이셨어요　　ⓕ 이었어요
　ⓖ 이세요　　　ⓗ 좋아하는
　ⓘ 일하시는, 세요

6. ⓐ 매일 집에서 한국말을 공부합시다.
　ⓑ 저녁에 식당에서 한국 음식을 먹읍시다.
　ⓒ 내일 학교에서 세 시에 만납시다.
　ⓓ 매일 도서관에서 책을 읽읍시다.
　ⓔ 내일 책방에서 책을 삽시다.
　ⓕ 집에서 할머니를 도와드립시다.
　ⓖ 동생의 숙제를 도와줍시다.
　ⓗ 집에서 친구하고 텔레비전을 봅시다.

7. ⓐ 좋은　　　ⓑ 예쁜
　ⓒ 부지런한　ⓓ 공부하는
　ⓔ 가는　　　ⓕ 읽으시는
　ⓖ 보시는　　ⓗ 예쁜

8. **Crossword Puzzle**

예					집		일
쁘		공					하
다		부	지	런	하		다
		하					
전	화	하	다		회		좋
					의	사	아
					신		하
					문	착	하

9. ⓐ 형이 매일 회사에서 열심히 일해요.
   ⓑ 어머니께서는 매일 집에서 부지런히 일하세요.

Review Exercises 11 - 15

1. ⓐ 좋은   ⓑ 께, 드려요
   ⓒ 이   ⓓ 과(하고)
   ⓔ 부지런한   ⓕ에서
   ⓖ 아침부터   ⓗ 한테, 줘요

2. ⓐ 제   ⓑ 타   ⓒ 늘   ⓓ 속
   ⓔ 혼   ⓕ 가   ⓖ 신   ⓗ 사
   ⓘ 물   ⓙ 주   ⓚ 드리   ⓛ 생
   ⓜ 팔   ⓝ 언, 나   ⓞ 심히   ⓟ 회

3. ⓐ 선물/필요하다/떡/회사/착하다/고프다/팔다
   ⓑ 일하다/주다/빌리다/동생/형/부지런하다/신문
   ⓒ 언제나/돈/일하시다/드리다/기쁘다/주시다/파시다

4. ⓐ 차로 학교에 가요.
   ⓑ 친구한테 선물을 줘요.
   ⓒ 선생님께 선물을 드려요.
   ⓓ 책과(하고) 공책이 필요해.

ⓔ 친구를 만나서 기분이 좋아요.
ⓕ 친구가 공항에서 비행기를 타.
ⓖ 앨버트가 책과 공책을 팔아.

5. ⓐ 우리 형이 어머님께 선물을 드려요.
   ⓑ 누나가 동생한테 선물을 줘요.
   ⓒ 나는 책과 연필도 필요해요.
   ⓓ 형이 매일 회사에서 열심히 일해요.
   ⓔ 아저씨께서 오늘도 과일을 파세요.
   ⓕ 우리 형은 의사예요.
   ⓖ 나는 친구를 만나서 기뻐요.

6. ⓐ 타요   ⓑ 줬어요   ⓒ 이
   ⓓ 에서   ⓔ 이에요   ⓕ한
   ⓖ 은   ⓗ 하는   ⓘ 파세요
   ⓙ 예요   ⓚ 파세요

7. **Crossword Puzzle**

		일		침	대		필
		하					요
빌	리	다					하
			잊	어	버	리	다
선		의					
물		자		생	일		
							주
약	속		부	지	런	하	다

8. ⓐ 누나가 오늘 공항에서 비행기를 타요.
   ⓑ 어제 동생은 돈이 필요했어요. 그래서 (동생은) 친구한테서 책을 빌렸어요.
   ⓒ (나는) 오늘 친구가 책이 필요해서 친구한테 책을 빌려줬어요.
   ⓓ 언니가 할머니께 생일 선물을 드려요.
   ⓔ 부모님이 동생한테 선물을 주세요.
   ⓕ 수진이 오늘 가게에서 사과하고 배를 팔아요.

ⓖ 형이 매일 회사에서 일해요.

ⓗ 아버지께서 매일 은행에서 일하세요.

For Your Reference:

"Step By Step with 15 Action Verbs (Vol. 1)"

A. The following 15 Action Verbs are used.

> 1. 가다 (to go)
> 2. 공부하다 (to study)
> 3. 마시다 (to drink)
> 4. 만나다 (to meet)
> 5. 말하다 (to talk)
> 6. 먹다 (to eat)
> 7. 보다 (to see)
> 8. 사다 (to buy)
> 9. 오다 (to come)
> 10. 인사하다 (to greet)
> 11. 일어나다 (to get up)
> 12. 읽다 (to read)
> 13. 있다 (to have)
> 14. 전화하다 (to call)
> 15. 좋아하다 (to like)

B. The following grammatical topics are introduced.
1. Introduction of Hangeul: Read and Write Hangeul
2. Conjugation of Verbs in Polite Informal Speech Style
3. Statement and Question Sentences in the Present Tense
4. Particles

C. The following topics on Korean Culture are introduced.

1. King Sejong: Hangeul
2. Dan-gun: The Founder of "Gojoseon"
3. The Korean National Flag
4. Korean Customs: "Chuseok" (Korean Harvest Festival)
5. Korean Family Celebrations: "Dol" and "Hwan-gap"
6. Korean Food: "Kimchi" and "Bulgogi"

Vocabulary List

드리다	to give (honorific form of 주다- to give)
드릴까요?	(what) shall I give to you?
듣다	to listen (irregular verb)
들으시다	to listen (honorific form of 듣다)
또	also
똑똑하다	to be bright, to be smart

만나다	to meet
많다	to be many, to be much
말하다	to speak
매일	everyday
명	counting unit for person
몇	how many (interrogative pronoun)
모두	all
무슨	what kind of, which
무엇	what (question word)
무엇으로	with what
물어보다	to try to ask
물어보시다	to try to ask (honorific form of 물어보다)
뭐	what (shortened form of 무엇을)
미국	United States of America (U.S.A.)

ㄱ

가게	store
가다	to go
가르치다	to teach
가르치시다	honorific form of 가르치다
개	counting unit for things
-겠-	will, to intend to (future-tense marker)
공항	airport
과일	fruit
교실	classroom
그래서	therefore, so
그러면	then
그리고	and
기쁘다	to be happy ("으" irregular verb)
-께	honorific form of "-한테"
-께서	honorific subject marker of "-이/가"

ㄴ

나(도)	me (too)
나(한테)	(to) me
나라 이름	name of a country
내	my
누가	who (as subject)
누구(한테)	(to) whom
누나	elder sister (used by a boy)

ㄷ

다 같이	all together
다리(도)	leg (also)
답	answer
대한민국	Republic of Korea (R.O.K.)
도와드리다	to help (honorific form of 도와주다)
도와주다	to help
돈	money
동생	younger sibling

ㅂ

발	foot
배	pear
버스	bus
보고 싶다	would like to see
부지런하다	to be diligent
-부터	from
비누	soap
비행기	airplane

191

ᄉ			일	work
			일본	Japan
사과	apple		일하다	to work
살고 싶다	(I) would like to live		있다	there is/are, to have

ᄉ

사과	apple
살고 싶다	(I) would like to live
살다	to live (irregular verb)
생일	birthday
선물	present
선생님	teacher
세다	to count
세어봅시다	Let's count
-세요	ending of command form
손	hand
수업	class
스무	twenty
-시-	honorific marker
쓰다	to write (irregular verb)
씻다	to wash

ᄋ

-(으)ㄹ까요?	shall I/we …
-(으)려고	in order to
-아/어 보다	to try
아주	a lot, very much
아침	morning
안녕하세요?	Hello, how are you?
안녕히 가세요	goodbye
알다	to know (irregular verb)
어디	where
어디에서	(at) where
언니	elder sister (used by a girl)
언제	when (question word for time)
언제나	always
얼굴(과)	face (and)
얼마	how much
얼마예요?	How much is it?
여쭤보다	to try to ask (honorific form of 물어보다)
오늘	today
오빠	elder brother (used by a girl)
왜	why (question word)
우리(의)	our
우리	we
우리들	us /우리 (we)+들 (plural marker)
음악	music
-의	of (possessive particle)
-이다	to be

일	work
일본	Japan
일하다	to work
있다	there is/are, to have

ᄌ

저녁(까지)	(to) evening
좋아하다	to like
주다	to give
주세요	please give (me)
중국	China
지금	now
질문	question

ᄎ

착하다	to be good-hearted
-처럼	like
축하하다	to congratulate
친구	friend

ᄐ

타다	to ride

ᄑ

팔다	to sell
편지	letter
필요하다	to need

ᄒ

하다	to do
학생	student
한	one
한국	Korea
한국말	Korean language
	한국 (Korea)+말 (language)
할머니	grandmother
형	elder brother (used by a boy)
회사	company